나의 두 번째
월급 만들기

부업부터 창업까지, 직장인을 위한 최소한의 돈 공부

나의 두 번째 월급 만들기

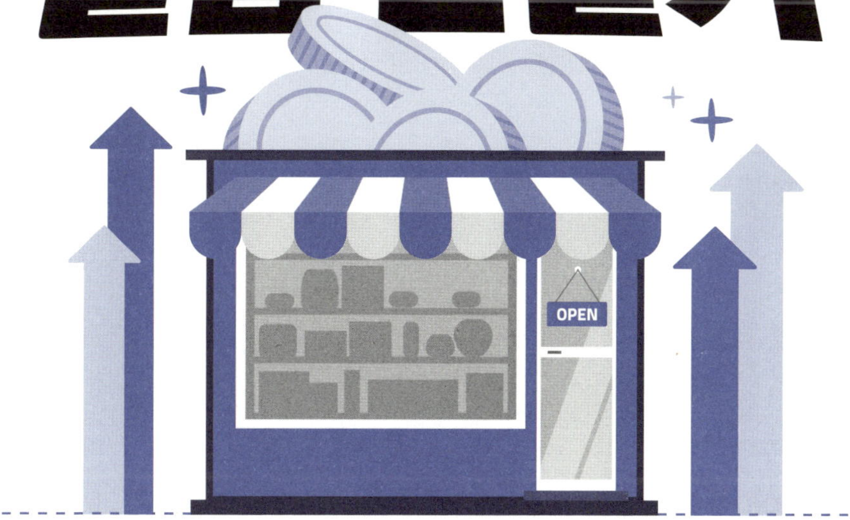

이장원·이채형 지음

프롤로그

당신도 경제적 자유를 누리는 플레이어가 될 수 있다

　SNS를 보면 "하루에 30분만 투자하면 한 달에 수백만 원을 벌 수 있습니다"라고 주장하는 광고가 넘쳐난다. 머리로는 말도 안 되는 소리라고 생각하지만 뻔한 월급과 비어버린 통장 사정을 떠올리다 보면 자꾸만 눈길이 그곳으로 향한다.

　내가 아는 한 하루에 30분 투자해서 수백만 원을 벌 수 있는 일은 없다. 누구보다 사업자의 구조를 잘 알고 그들을 바로 옆에서 돕는 세무사인 나조차도 그렇게 간단한 방식으로 성공한 부업러 혹은 자영업자를 만난 적이 없다. 언젠가 N잡러로 유명세를 타서 구독자가 10만 명 이상인 분의 종합소득세 신고를 진행한 적이 있는데 생각보다 적은 매출에 당황한 기억이 선명하다. 경쟁이 치열하고 유튜브, 인스타그램 등 각종 무료 정보가 넘쳐나는 세상이다 보니 진입 장벽은 낮은 반면 사업을 통해 매출을 일으키는 게 결코 쉽지 않다는 것을 새삼 깨닫게 된다.

나는 유튜브를 운영하는 전문직 자영업자다. 유튜브 마케팅을 통해 본업에 도움이 되기까지 얼추 1년 이상의 시간이 걸렸다. 그리고 지금은 딱딱한 주제인 세금 콘텐츠로 구독자 11만 명을 보유한 채널을 기획 및 운영하는 데서 그치지 않고 다른 전문직 채널을 컨설팅해 주고 있다. 아무리 전문직이라 하더라도 가만히 앉아서 고객이 찾아오는 시대는 이미 지났음을 깨닫고 치밀하게 준비한 덕에 지금의 성과를 이룬 게 아닐까 생각한다.

나는 단순히 세금 지식을 전달하는 사람이 아니라 수익을 창출하기 위해 발로 뛰는 플레이어다. 사실 세금은 돈을 벌었을 때 뒤따라오는 존재다. 따라서 세금을 이야기하기 위해서는 돈을 벌어야 한다는 전제조건이 필요하다. 실제로 나는 부업이든 사업이든 자신의 일을 영위하는 고객들을 만나면 단순히 세무사로서 조언하지 않는다. 돈을 벌어야 한다는 선행 조건을 고객이 실현할 수 있도록 온라인 마케팅 전략, 상권 분석은 물론이고 사업에 가장 중요한 직원 고용, 노동법에 관한 지식까지 총망라해서 전해줌으로써 고객들이 현재 자신의 상황을 객관적으로 판단하는 동시에 현실적이고 구체적인 미래 계획을 세울 수 있도록 돕는다.

이러한 나의 진심과 사명감이 바로 이 책의 탄생으로 이어졌다. 이 책은 단순히 추가적인 수익을 창출하는 것을 넘어 매년 폐업하는 100만 개의 사업체 중 하나가 될 수 있는 예비 사업가들이 지옥 같은 필드에서 숨 쉴 수 있는 생존 지식으로 꽉 채웠기 때문이다.

육지에서만 지내면 물에 빠지기 전까지는 생존 수영의 필요성을 전혀 느끼지 못한다. 마찬가지로 직장에서만 지내면 흔히 말하는 울타리 밖에서 필요한 생존 지식의 필요성을 못 느끼다가 폐업이라는 극한의 상황을 맞게 된다.

다시 한번 강조하지만 폐업은 하루아침에 오지 않는다. 생각보다 천천히 숨을 조이다가 임계점을 넘겼을 때 한 번에 우리를 덮친다. '아!' 하고 깨달았을 때는 이미 손 쓸 수 없는 상황이 된 후다. 이 책을 읽는 대부분의 독자들은 폐업을 미디어의 뉴스 한 토막으로만 경험했을 테지만 폐업한 업체의 마지막 부가가치세 신고를 도와주고, 미세하게 떨리는 자영업자분과 마지막 인사를 나누는 세무사가 느끼는 폐업의 무게는 확실히 다르다.

경제적 자유는 다른 무엇과의 등가 교환이다. 경제적 자유를 위해 가족과의 단란한 시간을 포기하고, 여름휴가를 반납하고, 건강을 돌보지 못한 채 일에만 매달리는 게 현실이다. 이 책을 읽는 분들 역시 모든 것을 포기한 채 일에만 몰두해야 한다는 의미가 아니다. 돈을 벌고 자신의 일을 성공으로 이끌기 위해서는 그만큼 많은 노력이 필요하고, 이미 많은 사람들이 그 길을 걷고 있기에 결코 만만하게 보아서는 안 된다는 뜻이다. 하루 30분만 투자해서 돈을 벌 수 있다고 믿는다면 이 책을 읽을 필요가 없다. 하지만 현실에서 그런 일이 일어나지 않는다는 것을 잘 알고 있다면, 두 번째 월급을 만들기 위해서 생각보다 다양한 지식과 노력이 필요하다는 사실을 깨달았다면, 이 책이 여러분의 경제적 생존에 좋은 지침이 될 것이라고 확신한다.

차례

프롤로그 당신도 경제적 자유를 누리는 플레이어가 될 수 있다 · 4

1장 창업할까, 투잡할까?

- 3년 안에 절반이 망한다 · 15
- 7년이라는 벽 · 20
- 은퇴자들의 무덤일까, 희망일까 · 23
- 세무사를 가까이하자 · 27
- 세무사를 통한 장부 작성, 꼭 해야 할까? · 31
- 창업에 필요한 돈, 어떻게 마련할까? · 36
- 자본을 마련하는 5가지 방법 · 41
- 혼자 하거나 함께 하거나 · 49
- 새로 시작할까, 이어서 할까? · 54
- 어디에서 시작할 것인가? · 59
- 임대차계약서 작성 전 필수 확인사항 · 62
- 사업장 건물을 취득한다면? · 72
- 어려운 세금 문제, 어디에 물어보죠? · 79

2장 돈 되는 마케팅은 따로 있다

- 한 사람에게 50개의 질문을 하라 · 85
- 경쟁사 분석의 중요성 · 88
- 꾸준히 쌓으면 반드시 돌아온다 · 91
- 전문직 마케팅은 이것이 다르다 · 95
- 유튜브 구독자 11만 명이 돼서 느낀 것들 · 98
- 책은 2만 원짜리 명함이다 · 102
- 절대 하면 안 되는 마케팅 콘텐츠 · 106

3장 경영의 절반은 세금이다

- 사업자의 핵심 세금 3가지 · 111
- 사업의 시작은 사업자등록부터! · 114
- 사업용 계좌와 사업용 카드 등록 · 122
- 현금영수증 발급 안 하면 탈세? · 128
- 인테리어 취득부터 처분까지 · 132
- 가장 피해야 하는 가산세 · 135
- 폐업 직전 꼭 챙겨야 할 업무 · 140

4장 초보 사장에게 필요한 노동법

- 모든 회사에 적용되는 4대 보험 · 147
- 회사가 주기적으로 해야 할 신고들 · 159
- 1인 이상 5인 미만 사업장의 노동법 · 165
- 5인 이상 10인 미만 사업장의 노동법 · 182
- 10인 이상 사업장의 노동법 · 193
- 회사를 살리는 고용지원금 · 196
- 연봉 3,600만 원 직원에게 연간 지출되는 비용은? · 201
- 좋은 직원을 어떻게 채용할까? · 205
- 직원을 채용할 때 고려해야 할 것들 · 210
- 직원과 잘 헤어지는 법 · 216
- 사직과 해고의 차이 · 221
- 아르바이트와 프리랜서, 무엇이 다를까? · 227

5장 매출의 10%, 부가가치세의 비밀

- 매출의 10%는 내 돈이 아니다 · 239
- 부가가치세 조기 환급이란? · 243
- 간이과세자는 정말 유리할까? · 246
- 2월 10일을 기억하자 · 252
- 의제매입세액을 꼭 챙기자 · 255
- 세금계산서만 잘 받아도 반절은 성공 · 259
- 부가가치세 신고할 때 주의해야 할 것들 · 264

6장 사업자의 1년 성적표, 종합소득세

- 소득세의 구조를 알아야 진짜 세금이 보인다 · 271
- 매출에 따른 종합소득세 신고 · 276
- 효과적인 지출경비 관리법 · 282
- 매매 vs 렌탈 vs 리스, 어떤 방식이 유리할까? · 290
- 세금을 줄이는 각종 공제제도 · 297
- 프리랜서가 챙겨야 할 종합소득세 지식 · 301
- 주택임대사업자의 세금은? · 304
- 세금 잘못 내면 어떻게 될까? · 311

7장 절대 경험하지 말자, 세무조사

- 세무조사 선정방식과 절차 · 319
- 세무조사 7문 7답 · 327
- 주택 잘못 사면 바로 걸린다 · 331
- 세무조사에도 트렌드가 있다? · 336

창업에 도움이 되는 사이트 · 338

1장

창업할까, 투잡할까?

3년 안에
절반이 망한다

 성공을 꿈꾸는 사람들에게 어두운 소식부터 전해야 할 것 같다. 2023년 기준 폐업자 수가 100만 명에 육박한 것이다. 관련 통계가 집계된 2006년 이후 가장 많은 수치다. 눈에 띄는 점은 2020년부터 80만 명대를 유지해 오다가 2023년에 수직 상승하였다는 점이다. 그리고 2025년 현재 매월 10만 명 넘는 사람들이 일터로 삼았던 가게의 문을 닫아야만 하는 상황에 처해 있다.

연도별 폐업자 현황

(단위: 명)

	2021년	2022년	2023년
폐업자 현황	884,454	866,603	985,868

그렇다면 개업 후 폐업을 결정하기까지 평균적으로 얼마의 시간이 걸리는 걸까? 창업이든 투잡이든 자신만의 일을 준비하고 있는 사람이라면 기업의 생존율을 확인해 보아야 할 것이다. 2021년 기준 산업별, 지역별 신생기업 생존율은 아래와 같다.

2021년도 산업별 신생기업 생존율

(단위: %)

산업별	1년 생존율	2년 생존율	3년 생존율	4년 생존율	5년 생존율	6년 생존율	7년 생존율
전체	64.1	54.2	46.3	38.8	34.3	30.4	26.0
농업, 임업 및 어업	57.6	45.7	38.9	31.4	29.6	25.2	23.5
광업	52.6	36.6	28.6	25.3	16.9	14.1	15.5
제조업	70.9	62.7	56.4	50.4	44.2	39.6	35.1
전기, 가스, 증기 및 공기조절업	90.3	86.3	83.5	79.3	75.0	79.8	77.4
수도, 하수 및 폐기물처리, 원료재생업	78.8	65.6	66.9	52.4	50.4	43.6	36.4
건설업	70.7	61.1	52.3	43.9	38.7	34.0	30.1
도매 및 소매업	58.8	50.6	42.2	34.9	30.5	26.7	23.0
운수 및 창고업	74.8	61.7	58.0	46.8	41.5	41.3	37.2
숙박 및 음식점업	66.9	51.1	39.3	30.3	24.4	19.8	16.0
정보통신업	65.6	57.1	48.2	40.8	36.2	32.3	28.0
금융 및 보험업	51.9	41.1	35.7	27.2	21.7	18.8	13.9
부동산업	60.2	51.5	47.8	43.6	42.5	38.8	32.5
전문, 과학 및 기술서비스업	67.4	58.8	50.9	43.5	39.3	35.9	31.1
사업시설관리, 사업지원 및 임대서비스업	60.3	48.3	40.5	33.7	28.3	24.1	22.5
교육서비스업	65.3	54.3	46.0	37.8	33.1	27.1	23.4

보건업 및 사회복지 서비스업	85.2	77.5	70.7	63.3	56.6	52.2	45.5
예술, 스포츠 및 여가관련 서비스업	64.2	52.4	39.0	29.3	23.1	19.0	14.6
협회 및 단체, 수리 및 기타 개인서비스업	66.8	56.1	48.3	40.8	35.6	31.8	28.2

2021년도 지역별 신생기업 생존율

(단위: %)

지역별	1년 생존율	2년 생존율	3년 생존율	4년 생존율	5년 생존율	6년 생존율	7년 생존율
전국	64.1	54.2	46.3	38.8	34.3	30.4	26.0
서울	63.2	53.2	46.7	38.8	34.1	30.5	26.0
부산	63.2	53.2	46.1	39.5	35.1	31.3	26.6
대구	64.8	55.1	47.8	40.7	35.4	32.3	27.6
인천	60.3	54.0	45.2	38.5	33.8	29.0	24.6
광주	64.7	53.9	46.8	36.2	32.6	28.3	23.8
대전	64.2	54.0	45.9	38.8	32.3	28.7	25.4
울산	62.9	52.2	42.8	35.2	31.3	27.0	22.8
세종	63.7	57.7	47.7	43.8	37.2	35.4	30.6
경기	64.4	53.9	46.3	39.8	35.5	31.3	26.8
강원	65.1	55.0	48.3	37.7	34.2	28.7	25.3
충북	64.8	55.8	45.4	38.4	33.2	29.5	25.6
충남	65.1	55.7	46.4	38.7	33.5	30.4	24.9
전북	68.4	57.9	48.6	38.8	33.6	31.7	28.1
전남	66.5	55.8	46.9	38.2	33.9	31.8	26.1
경북	65.2	55.5	46.4	37.7	33.7	30.1	25.7
경남	63.8	54.0	45.1	37.1	32.4	28.0	24.0
제주	64.3	52.9	44.5	39.1	35.4	31.2	27.1

국가통계포털KOSIS에 공개되어 있는 신생기업 생존율을 보면 산업별, 지역별로 조금씩 차이는 있지만 개업 이후 3년 내에 폐업하는 경우가 50% 내외에 이른다. 심지어 7년에 이르면 폐업율은 75%에 달한다. 장밋빛 미래를 꿈꾸며 창업에 뛰어들고자 하는 사람들에게는 꽤 비관적인 소식인 셈이다.

그렇다면 왜 이렇게 폐업율이 높을까? 조사에 따르면 폐업을 결정한 자영업자의 59.1%가 매출 저조, 파산, 일감 부족 등 경제적 요인을 주요 원인으로 꼽았다. 결혼이나 건강 악화 등 개인·가족의 사정으로 인한 폐업은 17.2%, 더 나은 일자리나 직업을 찾아 폐업한 비율은 15.9% 순이었다.

폐업 이후 경제활동 전선으로 돌아오지 않는 경우도 많았다. 장사를 그만둔 자영업자의 39.9%는 폐업 후 임금 근로 일자리를 얻은 것으로 분석됐다. 새로운 사업 아이템을 찾아 재창업에 나선 비율도 27.8%로 집계됐다. 하지만 실업 상태를 유지하거나 경제활동에 더 이상 참여하지 않은 비중도 32.3%에 달했다.

자영업자가 여성이거나 나이가 많을 경우 새로운 진로를 찾지 못하는 경향이 두드러졌다. 여성 자영업자는 폐업 후 경제활동 전선에서 물러나는 비율이 남성보다 2.4배나 높았다. 고령 자영업자의 경우 나이가 한 살 많아질수록 폐업 후 재창업·재취업 확률이 각각 1.8%, 2.7%씩 감소했다.

우리나라 자영업자는 개업 후 7년 이내에 75%가 폐업을 맞게 된다. 외면하고 싶겠지만 이것이 현실이다. 나 역시 자영업자로서, 또 직업 특성상 수많은 자영업자의 폐업을 도우면서 7년의 벽에 대해 많은 생각을 하게 된다. 우리는 어떻게 해야 이 벽을 넘어설 수 있을까?

7년이라는 벽

2024년 8월에 발표된 중소기업 기본 통계(2022년 기준)를 보면 중소기업은 전체 기업 수의 99.9%, 종사자 수의 81.0%, 매출액의 44.2%를 차지하고 있다.

2022년 기준 중소기업 기본 통계

구분	2021년 (비중)	2022년 (비중)	증가 (증가율)
기업체 수	7,713,895개 (99.9%)	8,042,726개 (99.9%)	328,831개 (4.3%)
종사자 수	18,492,614명 (80.9%)	18,956,294명 (81.0%)	463,680명 (2.5%)
매출액	30,171,248억 원 (46.8%)	33,090,291억 원 (44.2%)	2,919,043억 원 (9.7%)

2016년부터 2022년 사이에 사업을 개시한 업력 7년 이하 중소기업은 483만 개로 중소기업의 60.1%를 차지하고 있다. 그중 업력 3년 이하 중소기업은 273만 9천 개(34.1%), 4~7년은 209만 1천 개(26.0%), 7년 초과는 321만 3천 개(39.9%)로 파악된다.

종사자가 1인인 중소기업은 615만 개로 전체 중소기업의 76.5%나 된다. 종사자 수의 32.4%, 매출액의 16.4%이며, 1인 중소기업은 기업 수(+6.1%), 종사자 수(+6.1%), 매출액(+11.7%) 모두 전체 중소기업(기업 수 +4.3%, 종사자 수 +2.5%, 매출액 +9.7%)보다 빠르게 증가하고 있어 중소기업에서 직원을 고용한다는 것이 점점 부담이 커지고 있다는 사실을 알 수 있다. 뒤에서 자세히 알아보겠지만 직원을 고용하는 건 쉬운 일이 아니다.

업력별 중소기업 현황

(단위: 개, %)

지역별	2021년		2022년		증감('22년-'21년)	
	기업 수	구성비	기업 수	구성비	기업 수	증감률
전체	7,713,895	(100.0)	8,042,726	(100.0)	328,831	(4.3)
3년 이하	2,744,380	(35.6)	2,738,928	(34.1)	-5,452	(-0.2)
4~7년 이하	1,930,411	(25.0)	2,090,737	(26.0)	160,326	(8.3)
7년 초과	3,039,104	(39.4)	3,213,061	(39.9)	173,957	(5.7)

업력별 중소기업 종사자 현황

(단위: 명, %)

지역별	2021년		2022년		증감('22년-'21년)	
	종사자 수	구성비	종사자 수	구성비	종사자 수	증감률
전체	18,492,614	(100.0)	18,956,294	(100.0)	463,680	(2.5)

3년 이하	4,444,318	(24.0)	4,307,525	(22.7)	-136,793	(-3.1)
4~7년 이하	4,058,245	(21.9)	4,207,024	(22.2)	148,779	(3.7)
7년 초과	9,990,051	(54.0)	10,441,745	(55.1)	451,694	(4.5)

업력별 중소기업 매출액 현황

(단위: 억 원, %)

지역별	2021년		2022년		증감('22년-'21년)	
	매출액	구성비	매출액	구성비	매출액	증감률
전체	30,171,248	(100.0)	33,090,291	(100.0)	2,919,043	(9.7)
3년 이하	4,721,478	(15.6)	4,840,262	(14.6)	118,784	(2.5)
4~7년 이하	6,501,722	(21.5)	7,020,290	(21.2)	518,568	(8.0)
7년 초과	18,948,047	(62.8)	21,229,740	(64.2)	2,281,693	(12.0)

은퇴자들의 무덤일까, 희망일까

2024년 8월 중소벤처기업부에서 발표한 2022년 기준 '중소기업 기본 통계'에 따르면 대표자의 연령이 60대 이상인 중소기업이 236만 4천 개(29.4%)로 가장 많은 비중을 차지하고 있으며 기업 수 증가율(+7.9%), 종사자 증가율(+7.1%), 매출액 증가율(+16.5%) 모두 다른 연령대를 상회하고 있다. 말 그대로 기업도 고령화되고 있는 것이다.

이 책을 읽고 계신 분들 중에서도 이미 은퇴를 하셨거나 은퇴를 앞두고 계신 분이 있을 것이다. 그런 분들이라면 이 장을 더욱 주목해주시길 바란다. 나는 수년 동안 여러 공공기관과 사기업에서 은퇴자의 세금 및 자산 관리 강의를 진행하고 있다. 현장에서 만난 은퇴자는 내게 다양한 고민거리를 털어놓았는데, 그중 대표적인 것이 '은퇴 이후 먹고살 길이 요원하니 장사라도 해봐야 하나'라는 이야기였다.

나는 강의 때마다 자영업자의 현실이 어떠한지에 대해 아주 신랄하게 예시를 들어 말해주고는 한다. 3년 내 폐업율 50%, 7년 내 폐업율 75%라는 통계와 함께 현실의 자영업이 얼마나 어려운지를 강조하는 것이다.

나 역시 짧지만 공공기관에 근무했던 적이 있다. 당시에 나와 함께 근무했던 분들을 떠올리면서 그들이 은퇴 후 새로운 시작을 고민할 때 현실적으로 어떤 문제에 부딪힐까를 먼저 생각해 본다. 대체로 은퇴한 분들은 자영업에 대한 정보가 부족하고, 장사에 대한 긍정적인 면만을 보는 경우가 많기에 나는 이런 분들을 만나면 자영업의 어려움에 대해 최대한 자세히 말씀드리려고 하는 편이다.

내가 자영업에 대해 비관적인 시각을 갖고 있는 게 결코 아니다. 최근 국세청 자료에 따르면 2023년 기준 소득이 0원이라고 신고한 개인사업자는 105만 5,024명으로 집계되었다. 연소득 1,200만 원 미만이라고 신고한 개인사업자 또한 816만 5,161명에 이른다. 즉 월수입 100만 원 미만의 개인사업자가 전체 개인사업자의 약 75.7%인 922만 188명에 달한다는 것이다. 이는 코로나 팬데믹 이전인 2019년과 비교해 311만 1,434명 증가한 수치다. '75%'라니 어디서 많이 본 숫자 아닌가? 공교롭게도 바로 앞에서 살펴보았던 7년 이내 폐업하는 신생기업 비율과 같다.

가끔 나에게 은퇴자가 본인이 생각한 사업이 있다면서 컨설팅을 요청하는 경우가 있는데 상담해 보면 크게 두 가지 타입으로 나뉜다. 첫 번째는 유명 프랜차이즈 개업이고 두 번째는 본인이 은퇴 전까지 몸담 았던 조직 내 인맥을 통한 사업이다.

사실 프랜차이즈 수익성 검토는 나의 대표적인 업무인데, 솔직히 말해 성공할 수 있을지 없을지에 대해서는 확답을 내리기 어렵다. 왜냐하면 프랜차이즈 매출 구조가 어떻게 구성되어 있고, 각 요소인 수익과 비용이 얼마나 과대 혹은 과소 책정되어 있는지 자세히 알 수 없기 때문이다. 이런 경우 평균적인 프랜차이즈 영업이익률을 기반으로 현실성 있는 수익성 검토를 안내하는 경우가 많다.

참고로 2024년 2분기 외식업 프랜차이즈 평균 매출은 약 9,670만 원으로 2023년 2분기 대비 9.0% 감소하였고 전기(2024년 1분기) 대비 3.3% 증가했다. 전체 외식업 평균 영업이익률은 약 16.0%이고, 2024년 2분기 기준 평균 영업이익률이 가장 높은 업종은 술집으로 약 21.7%의 이익이 발생하는 것으로 확인되었다. 반면 평균 영업이익률이 가장 낮은 업종은 패스트푸드로 치킨, 피자, 핫도그, 햄버거 전문점 등이 여기에 속한다.

은퇴 전 몸담았던 조직의 인맥과 지식을 활용하겠다는 두 번째 계획은 첫 번째보다는 조금 더 나은 상황이라고 볼 수 있다. 시장에 대한 최소한의 정보를 갖고 있기 때문이다. 하지만 본인이 몸담고 있었기 때문에 매출의 구조를 정확하게 보지 못하거나 제한된 인맥이나 정보에서 조금이라도 어긋났을 경우 변수에 대비하지 못하는 경우가 많다. 만약 개업할 때의 키맨keyman이 자신이 아니라면 그 상대가 사업의 성패에 끼치는 영향이 얼마나 되는지 꼭 고려해 봐야 한다. 이런 경우 혼자서 책임을 질 때보다 변수가 많아질 수 있어 플랜 B, 플랜 C까지 꼼꼼하게 준비하는 것이 중요하다.

많은 분들이 조직에 있었을 때를 떠올리며 새로운 일에 뛰어들지만 안타깝게도 조직을 나왔을 때 사회에서 본인을 대하는 태도는 사뭇 달라진다. 자영업 시장은 생각보다 냉혹하며, 은퇴자의 무덤이 될 수도 있다는 사실을 잊지 말자.

내가 이 책을 집필하는 와중에 부동산 관련 공직을 은퇴한 뒤 공인중개사 사무실을 차렸던 분들을 추적해 보았는데 놀랍게도 지금까지 사무실을 운영하고 계신 분은 단 한 명도 없었다.

냉정히 말하면 세무사도 일개 자영업자일 뿐이고 이제 전문직도 쉽게 망하는 시대가 되었다. 언젠가 국세청에서 은퇴 후 개업을 준비하는 선배님을 뵐 기회가 있었는데 실력도 실력이지만 고객에게 가장 합리적인 서비스를 제공할 수 있다는 것을 알리기 위한 마케팅부터 직원 관리, 사무실 운영 비용 및 모든 업무의 최종 검토까지 해야 할 일이 산더미라는 걸 이제야 깨달았다고 하셨다.

조직에서는 정해진 일만 처리하면 되지만 개업은 모든 걸 내가 감당해야 하는 일이다. 알아서 돌아가겠지라는 안일한 생각은 폐업 확률만 높일 뿐이다.

세무사를
가까이하자

　세무사가 어떤 직업인지 정확히 알고 있는 사람은 아마 거의 없을 것이다. 사업체를 운영하는 자영업자라 할지라도 세무사란 직업을 세금을 계산하는 사람 정도로만 알고 있는 경우가 대부분이다.
　그러나 세무사는 누구보다 자영업자 마음을 잘 알고 있는 '조력자'라고 할 수 있다. 실제로 나에게 비슷한 사업체의 매출 구조 및 마케팅 방법에 대해서 조언을 요청하는 분들이 많으며, 나 역시 이에 대해서 안내를 해주는 경우가 정말 많다. 또 부동산 기반 자산가의 자산 관리 업무를 다루기 때문에 부동산 투자에 대한 컨설팅, 부동산 매도(매수) 시 유의할 사항에 대해서도 적절한 조언을 해드리고 있다. 사실상 세금 상담보다 부동산이나 재테크에 대한 컨설팅을 더 많이 하는 날도 있다.

세무사는 사업 구조를 잘 알고 있는 사람이다. 따라서 어떠한 산업에 대해 방향성을 제시하는 사람이라고도 볼 수 있다. 여기에 수많은 거래의 회계 처리 및 절세 전략을 알아내고 이를 토대로 사업체 운영 방식을 안내하기 때문에 전문성으로 치자면 으뜸이라고 할 수 있다.

근로자일 때는 사실 세금에 대해서 거의 알 필요가 없다. 모든 세금 신고는 사업자인 원천징수의무자(회사)가 대신 처리해 주기 때문이다. 1년에 한 번 연말정산 때나 본인의 근로소득세에 대해 파악하고 있으면 충분하다.

그러나 사업자는 다르다. 본인이 직접 모든 세법을 익혀서 신고하거나 세무사에게 의뢰하여야 한다. 복잡한 세법을 모두 익히기란 사실상 불가능하지만 사업을 계획 중이라면 세금에 대한 기초 지식은 배워두는 것이 좋다. 근로 소득과 유사할 것이라고 생각하고 대비하지 못한다면 세금으로 인해 낭패를 볼 수 있기 때문이다. 다음 사례를 함께 살펴보자.

A 사업자는 요식업을 시작하면서 가격 경쟁력을 높이기 위해 음식 가격을 최대한 낮게 책정했다. 당연히 주위 상권보다 가격이 싸니 사업은 일순간 잘되는 것처럼 보였다. 그런데 여기서 문제가 있다. 부가가치세를 고려하지 않았기 때문이다.

A씨는 부가가치세 신고 후 깜짝 놀라고 말았다. 세금까지 납부한 뒤 손익 계산을 해보니 적자였던 것이다. 부랴부랴 가격을 올렸지만 갑자기 높아진 음식 가격에 단골 손님들은 초심을 잃은 거 아니냐며

하나둘 떠나고 말았다.

　A 사업자가 다시 손익분기점을 넘기기 위해서는 아마 긴 시간이 필요할 것이다. 최악의 경우에는 폐업에 이를 수도 있다. 사업을 시작할 때 본인의 수익에서 세금까지 고려했어야 했는데 그러지 못해서 이 사달이 일어나고 만 것이다.

　아무런 세금 지식 없이 사업을 시작하는 것은 너무 위험하다. "세무사가 알아서 다 해주지 않습니까?"라고 말할 수 있겠지만, 세무사에게 업무를 의뢰하더라도 세금의 기본 구조 정도만이라도 이해야 세무대리인에게 듣는 안내사항을 더 폭넓게 이해할 수 있고 궁금한 점도 물어볼 수 있어서 절세뿐만 아니라 사업체 운영을 하는 데 큰 도움이 될 수 있다.

　사업자가 세법을 공부하는 이유는 단순히 세금의 신고 및 납부만을 위한 게 아니다. 세금을 계산하기 위해서는 대개 장부라는 것을 작성하게 되는데, 사업 기간의 모든 회계 거래를 기록하는 것이다. 이렇게 돈을 주고받은 모든 거래를 기록하고 살펴볼 수 있게 되면 내가 사업장 경영을 제대로 하고 있는지 스스로 진단할 수 있다.

　만약 작년과 비슷한 매출이 발생했는데 매출 원가가 큰 폭으로 상승해 매출 이익이 줄었다면 사업장의 경비 지출이 과도하게 되었다는 진단을 내릴 수 있다. 그러면 경비 절감을 위한 대책을 마련하게 되고, 이는 더 나은 사업체를 위한 효과적인 대응이 된다.

　최근에는 세금이 아니라 대출을 위해서 세금을 납부하겠다는 업체도 많다. 사업장 운영을 위해서 대출을 받는 경우가 있는데 이때 신용도에 대해 적격심사를 하기 때문이다. 만약 사업장에서 연속으로 손실이 났다면 대출을 집행한 은행으로서는 대출금 변제가 어려울 수 있다는 신호로 받아들일 수 있다. 이런 경우 은행에서는 매년 종합소득세 이후 사업장의 회계내용을 재차 확인하여 신용도를 재평가하고, 이에 따라 대출금의 한도를 축소하거나 이율을 변경할 수 있다.

대출 관련 제도는 매년 수시로 변경되고 있다. 더군다나 한국은행의 기준금리 변동에 대한 시장 신호와 가계대출에 대한 규제가 커지고 있는 시국이므로, 사업장의 원활한 자금 운영을 위해서는 필수로 알아두는 게 좋다.

결국 세금 공부는 절세, 사업장 경영진단 및 대출 등 돈의 흐름을 원활히 하기 위해 필요하다고 볼 수 있다. 그리고 이를 통해 자영업자를 돕는 조력자가 바로 세무사이다.

세무사를 통한 장부 작성, 꼭 해야 할까?

결론부터 말하면 선택을 할 수 있는 경우에는 이해득실을 따져보고 결정하는 것이 좋으며, 의무 작성하여야 하는 때에는 꼭 세무사를 통해서 장부 작성을 하여야 한다. 그 밖의 정부 지원 사업 입찰이나 근로자 관리 차원에서 장부 작성이 필수인 때도 있다.

세무사를 통한 장부 작성을 선택할 수 있는 경우

예를 들어 세무사를 통해 종합소득세 신고를 하였더니 절세가 200만 원이 되었고, 수임료가 200만 원보다 적으면서 지불하기 합당한 금액이라고 생각이 든다면 세무사를 통한 장부 작성이 가장 합리적인 선택이다.

가장 대표적인 예시는 추계신고와 기장신고다. 추계신고는 말 그대로 추정하여 계산한다는 뜻으로 단순경비율 신고와 기준경비율 신고로 나뉘고, 기장신고는 간편장부 대상자와 복식부기 의무자로 나뉘게 된다. 여기서 경비율은 관련 증빙이 없어도 수입에서 경비로 인정할 만한 부분을 일괄적으로 승인해 주는 것을 말한다. 단순경비율은 모든 경비를 인정해 주는 것이고 기준경비율은 기타경비만 인정해 줘서 주요경비를 인정받고자 한다면 증빙을 요구한다. 대개 소득이 영세한 경우에만 단순경비율을 인정받을 수 있다.

추계신고는 계산 방식이 아주 간단하다. 기준경비율 혹은 단순경비율로 필요경비를 계산한 뒤 수입금액에서 차감하여 소득금액을 정하게 된다. 즉, 추계신고는 사업자가 장부를 작성하지 않고 국세청에서 정해준 경비율에 의해 신고하므로 계산이 간단하지만, 사업자가 실제 지출한 비용을 반영하지 못하기 때문에 정확하다고 보기 어렵다. 하지만 비교적 간단하고 세무 비용도 절약할 수 있으며 소득세도 낮거나 거의 과세되지 않아서 영세 사업자들에게는 유리한 측면이 많다. 국세청에서는 단순경비율이 적용되는 사업자를 위해 '모두채움 서비스'를 지원하고 있는데 전화 한 통이면 세금신고 및 납부도 완료할 수 있어 편리하다.

기장신고는 사업자가 직접 필요경비를 증빙하고, 이를 장부 작성하여 사업소득에서 필요경비를 차감해 사업소득액을 계산하게 된다. 이때 사업자가 직접 증빙하기 다소 어려운 점이 있으므로 대체로 세무사를 통해 도움을 받게 된다.

이때 매출이 낮아 단순경비율로 추계신고하는 영세 사업자의 경우 장부 작성을 할 필요가 없어 보이지만 사업 초반인 첫해에 매출이 1천만 원, 시설 투자 등 지출이 3천만 원이었다고 가정할 때 단순경비율로 추계신고를 한다면 세금이 거의 나오지 않겠지만 매출 대비 초과한 경비 2천만 원을 이월할 수 없어서 차후에 이 손실을 활용할 수 없게 된다.

하지만 장부 작성을 할 경우 다음 해에 매출이 1억 원, 지출 비용이 3천만 원이라면 사업 첫해에 손실이 되었던 2천만 원을 다음 해 이익 7천만 원에서 차감할 수 있으므로 절세할 수 있다는 장점이 있다.

다시 말해 단순히 그해의 소득에 대한 세금이 안 나온다고 해서 장부 작성을 하지 않는 것이 정답은 아니다. 미래에 내가 적용받을 수 있는 절세 포인트가 있는지 확인하고, 그 실제적 이익이 클 것으로 예상된다면 세무사를 통해 장부를 작성하는 것이 유리하다.

간혹 사업자 중에 올해 적자라 종합소득세를 신고하지 않아도 되는 게 아니냐고 말씀하시는 분들이 계신다. 하지만 국세청에서는 사업자가 장부를 작성해 신고하지 않는 이상, 사업자의 적자 현황을 확인할 길이 없다.

따라서 신고 및 납부의 의무를 가진 사업자가 임의로 신고하지 않으면 이에 따라 번거로운 세무 조사를 받게 된다. 또 사업자가 얼마나 손실을 입었는지 확정 지을 수 없기 때문에 향후 15년간 발생하는 소득에서 적자금액을 공제받을 수 없게 된다.

또 간편장부 대상자가 세무사를 통한 장부 작성으로 세금신고를 하면 '기장세액공제'를 최대 100만 원까지 적용받을 수 있고, 각종 세액을 공제 및 감면해 주기 때문에 수임료보다 더 큰 도움이 될 수 있다.

세무사를 통한 장부 작성이 의무인 경우

우리나라 세법에서는 업종에 따라 일정 매출이 넘게 되면 복식부기 의무자가 되고, 무조건 세무대리인을 통해서 장부 작성을 하게끔 되어 있다. 즉, 법에서 정한 세무전문가인 세무사를 통해 의무적으로 사업장의 장부를 작성하여 세금을 신고하라는 것이다.

가끔 프리랜서로 일하는 분들 가운데 본인이 복식부기 의무자인 걸 알지 못해 세무서에서 추계신고하는 경우가 있다. 이때 세무서에서는 가산세가 발생할 수 있다는 점을 알린 뒤 세금을 신고하게 되는데 이런 경우 세무사 비용을 아꼈다고 생각하시기도 한다.

하지만 내가 경험한 바에 따르면 대부분의 프리랜서는 세무대리인을 통해 신고했을 때 세금이 환급되는 경우가 훨씬 많다. 세무사 비용을 지불하고 나서도 이득인 셈이다. 그런데도 세무사 비용이 아깝다는 이유로 세무서에서 비싼 가산세를 지불한다.

실제로 내 지인 중에 매년 종합소득세 신고 기간에 세무서에서 공짜로 신고를 해준다면서 몇 시간을 기다려 300만 원 남짓의 세금을 납부했는데, 나에게 해당 업무를 맡긴 뒤로 매년 100만 원가량을 환급받고 있다. 아직도 그때 나라에서 공짜로 해준다며 좋아했던 본인이 바보 같았다는 자책 어린 농담을 하고는 한다.

세무사를 통한 장부 작성이 필요한 경우

정부지원금을 받거나 정부 입찰 사업에 해당하는 업종이라면 장부를 작성하여 신고하여야 한다. 본인의 업종에 대한 손익계산서 및 재무상태표 등 재무제표 제출이 필수이기 때문이다. 장부를 기록하지 않고 신고하게 되면 제재를 받거나 지원 자체가 끊길 수도 있다.

또 정부지원금으로 지출 가능한 비용 중에는 세무사 비용이 포함되어 있다. 간혹 정부지원금에 대한 특별회계 처리를 사업자가 직접 하다가 실수해 정부지원금이 끊기는 경우도 더러 발생하기 때문에 반드시 정부지원금 회계 처리 경험이 있는 직원을 채용하거나 세무사에게 의뢰하는 게 좋다.

마지막으로 직원을 고용하고 있다면 매월 4대 보험 및 원천세 신고와 함께 퇴직금 및 연말정산의 신고 등도 세무사에게 의뢰하는 것이 좋다. 직원의 인건비 관련 신고를 이행하지 않을 경우 큰 불이익을 받을 수 있으니 반드시 세무사를 통해 도움을 받도록 하자.

창업에 필요한 돈, 어떻게 마련할까?

창업을 준비하다 보면 인테리어, 상가 임차보증금, 각종 집기 등 돈 들어갈 곳이 한두 군데가 아니라는 사실을 깨닫게 된다. 개인 자금으로 전부 충당할 수 없는 상황이라면 국가에서 지원하는 다양한 보조금을 통해 금전적 부담을 큰 폭으로 줄일 수 있다.

중소벤처기업부 창업진흥원에서 지원하는 '예비 창업 패키지'는 혁신적인 창업 아이디어를 보유한 예비 창업자의 원활한 사업화를 위하여 창업에 드는 자금을 최대 1억 원까지 지원하며, 창업 활동 전반에 대한 멘토링 서비스, 예비 창업자 교육 및 네트워킹을 제공하고 있다.

이외에도 창업 3년 이내의 초기 창업자, 창업 3년 이상에서 7년 이내인 기업을 위한 창업 도약 패키지 등을 통해 사업화 자금을 최대 3억 원까지 지원하고 투자 유치 및 글로벌 진출을 지원하는 특화 프로그

램을 운영하는 등 다양한 지원을 아끼지 않고 있다.

해당 제도는 매년 조금씩 변동되므로 '케이스타트업 창업지원포털(www.k-startup.go.kr)'을 수시로 확인하는 것이 좋다.

창업자 대출 제도

예비 창업자를 위한 대출 제도도 다양하다. 신용보증재단에서는 아래의 요건을 모두 충족하는 서울시 소재 소상공원에게 최대 7천만 원의 창업자금과 최대 5천만 원까지 임차자금을 지원한다. 보증 기간은 최대 5년이다.

① 사업자 등록(창업) 후 1년 이내인 자
② 사업장을 구입 또는 임대차계약 완료 후 보증금을 완납한 자
③ 창업교육을 이수한 날로부터 18개월 이내 보증 신청한 자

또한 신용보증기금에서는 6개월 이내 창업 예정인 예비 사업자를 대상으로 창업 부족 자금을 사전 심사를 통해 보증 예정 통지를 받은 후, 실제 창업 이후에 해당 자금을 지원받는 '예비 창업 보증'을 지원하고 있다. 신용도가 우수하고 과거 사업 이력이 없으며 전문 자격증 또는 특허 보유, 창업경진대회 수상 이력 등이 있으면 최대 10억 원까지 지원받을 수 있으니 개업 전 자금이 필요하다면 폭넓게 상담을 받

아보는 것이 좋다.

기술보증기금에서도 예비 창업자 사전보증제도를 운영하여 창업 초기 소요되는 운전 자금 및 시설 자금 보증을 지원한다. 우수 기술 및 아이디어를 보유한 창업자인 일반 창업과 교수, 연구원, 기술사 등 전문가 창업 분야로 나뉘며, 등급별로 최소 1억 원부터 10억 원까지 지원을 받을 수 있다.

그 밖에 소상공인시장진흥공단에서도 상시근로자 5인 미만 업체(제조업, 건설업, 운수업, 광업은 10인 미만)에게 성장기반자금 등 다양한 정책자금으로 대출을 지원해 주고 있다.

창업자금 지원 사업
신청 전 확인할 것

다양한 창업지원제도들은 매년 국가의 정책 방향에 따라 예산 및 지원계획안이 신설 혹은 변경되기 때문에 수시로 관련 홈페이지 또는 기관에 문의하여 확인하는 것이 좋다. 특히 놓치지 말아야 할 점은 해가 바뀌는 시점에 새로운 지원 정책이 쏟아져 나오므로 12월부터 관련 뉴스들과 기관 소식을 살펴보는 것이 제일 중요하다.

정부보조금이나 창업 대출을 받을 때 주의할 점은 본인과 사업장에 대한 국세와 지방세가 절대 체납되면 안 된다는 것이다. 세금 체납기록이 있다면 기업의 신용도가 떨어지고, 지원 필수 서류인 납세완납

증명서의 발급이 불가능하여 심사에 통과될 수 없다.

따라서 사업장 운영을 위해서도, 그리고 창업자금 지원 사업 신청을 위해서도 꼭 세금을 적시에 납부해야 한다.

사업장의 매출 및 사업 형태, 개업 시기 등에 따라 다를 수 있지만 나는 대개 사업을 시작해 손익분기점을 넘기기 시작한다면 매출액의 10%가량을 세금 납부 비용으로 예치해 두길 권하고 있다. 더 나아가 신용카드 등 금융거래 연체 내용이 없어야 하며 국민연금 등 4대 보험 공단에서의 가압류 사실도 존재하지 않아야 한다.

기술력을 바탕으로 한 스타트업 창업을 계획하고 있다면 정책자금 지원에 유리할 수 있다. 이 경우 창업할 아이템의 기술성 및 사업성 관련 정보, 창업 구성원에 대한 이력, 해외 진출 및 신기술이 국민 경제에 이바지하는 내용 등을 담은 사업계획서를 작성해 두는 것이 좋다. 사업계획서를 미리 작성해 두면 정책자금 지원뿐만 아니라 투자처에 회사를 홍보할 때도 유리하기 때문이다.

한 가지 주의할 점은 정부지원금을 단순히 눈먼 돈이라고 생각해서는 안 된다는 것이다. 정부지원금의 자금을 집행하기 위해서는 지원 부처에 정확한 지출 계획을 제출해야 하고, 아주 엄격한 기준에 맞춰 사후 관리를 받게 된다. 목적에 맞지 않게 사용하는 경우에는 전액 회수되는 사례도 있으므로 주의하여야 한다.

또한 정부지원금이나 정책자금 대출을 받은 이후 창업에 대한 성과가 없다면 추가 지원금 신청 및 자금 대출 신청에 어려움을 겪을 수 있으니 창업에 대해서 진지한 마음으로 임해야 하는 것은 기본 중의 기본이다.

  간혹 정부지원금도 세금을 내야 하냐는 질문을 하시는 분이 계시는데, 무상으로 정부지원금을 받게 되면 이를 회계상 '국고보조금'이라고 하여 장부에 기록하게 된다. 무상의 정부지원금도 순자산 증가에 해당하므로 일부 관련법에 명시된 비과세 소득을 제외하고는 소득세가 과세되는 매출로 잡히게 된다.

자본을 마련하는 5가지 방법

개업을 준비 중이라면 현재 개업자금이 얼마나 마련되어 있는지를 확인하는 게 첫 번째일 것이다. 자금 마련은 본인이 가지고 있는 돈에 대출을 받거나 주위 사람들에게 빌리는 것이 대부분일 것이다. 이때 주의할 점이 있다. 개업자금은 본인이 계획한 액수보다 20% 이상 더 필요한 경우가 많다는 것이다. 이는 내가 예측한 항목 이외에서 발생하는 비용이 생각보다 많음을 의미한다. 따라서 개업자금을 마련할 때는 추후 급하게 돈이 필요한 경우에 어떻게 할 것인지를 미리 생각해 두는 것이 좋다.

지금부터 창업자금을 마련하는 다섯 가지 조달 방법에 대해 하나씩 살펴보기로 하자.

1. 개인 자산

부지런히 모은 개인의 자산을 가지고 개업하는 것을 가장 먼저 생각할 수 있다. 그동안 모아놓은 자금이 넉넉하다면 자금 마련에 대한 시간과 노력도 줄일 수 있다. 또한 대출금에 따른 이자 상환의 손실도 발생하지 않는다.

그러나 대출금의 이자 비용은 사업소득에서 경비로 처리할 수 있어서 절세 효과를 기대할 수 있는데 이 부분을 활용할 수 없으며 개업자금으로 쓰는 대신 주식이나 부동산에 투자해 추가 수익을 얻을 기회도 놓칠 수 있다. 아울러 자산에 대한 소명이 명확하지 않으면 개업 이후 자금 출처 조사가 시작될 수도 있다.

2. 금융기관 대출

담보를 제공하고 은행으로부터 자금을 대출받게 되면 이자 비용에 대한 부담감은 있지만, 간편하게 개업자금을 마련할 수 있다. 왜 비싼 이자를 내고 대출을 받아야 하냐고 되물을 분들에게 예를 들어 설명해 보겠다.

현금 1억 원을 보유한 A씨가 1억 원을 대출해 3%의 이자 비용인 300만 원을 1년에 지출해야 한다고 가정하면 이자 비용에 대한 절세 효과는 어떻게 될까? 이때 A씨가 1억 원을 예금해 얻을 수 있는 이자 수익은 이율 2%를 적용해 연 200만 원이라고 가정하자.

1억 원 대출 시 이자 비용에 대한 절세 효과

소득세 누진세율 구간	6%	15%	24%	35%
이자 비용	300만 원			
이자 비용의 절세효과 (이자 비용 × 누진세율)	18만 원	45만 원	72만 원	105만 원
세후 이자 비용 ①	282만 원	255만 원	228만 원	195만 원
이자수익 ②	200만 원			
현금흐름 차이 (①-②)	82만 원	55만 원	28만 원	-5만 원
판단	본인 자금 유리			대출 유리

위의 표를 살펴보면 1억 원을 대출해 연 300만 원의 이자를 지출할 때 소득세율 35% 구간부터는 대출을 받는 게 더 유리하다는 것을 알 수 있다. 따라서 무조건 대출을 받는 게 불리한 것은 아니다. 대출을 잘 활용하는 것도 절세가 될 수 있다.

물론 개업 초기에 높은 누진세율 구간을 적용받는 소득을 발생시키기는 쉽지 않을 수 있다. 따라서 개업 이후 소득 구간이 높아졌을 때 대출금을 활용해 사업장 확장이나 설비 마련 등을 준비하는 것도 좋은 전략일 수 있다.

3. 가족에게 빌리기

배우자나 부모에게 자금을 빌려 개업을 할 경우 증여로 추정될 수 있어 주의해야 한다. 증여의 추정은 그 반대 사실에 대한 증명이 있는 경우에만 그 추정이 번복되는 것을 의미한다. 만약 소득이 없는 사람이 고액의 부동산을 취득하였다면 그 취득자금이 제삼자인 가족으로부터 증여받았을 가능성이 아주 크다. 이때 국세청에서 그 증여 사실을 구체적으로 입증할 수가 없다고 하여 증여세를 매기지 않는다면 모든 부모는 자녀에게 맘껏 부의 이전을 하려고 할 것이다.

그래서 「상속세 및 증여세법」에서는 미성년자 등이 고액의 부동산 등 재산을 취득하거나 배우자 또는 부모 등 직계존비속 간에 부동산 등을 거래하는 경우에는 이를 증여로 추정하는 '증여 추정' 규정을 두고 있다. 증여 추정은 납세자의 반증이 없는 한 증여세를 매기는 것으로서 납세자에게 증여가 아니라는 증명 책임을 부여하고 있다.

국세청에서는 실무적으로 연령·세대주·직업·재산상태·사회경제적 지위 등을 고려하여 재산 취득일 전 또는 채무 상환일 전 10년 이내에 해당 재산 취득자금 또는 해당 채무 상환자금의 합계액이 다음의 기준 금액 미만이면 증여 추정 규정을 적용하지 않는다.

다만 기준 금액 이하더라도 취득가액 또는 채무 연관 금액이 타인으로부터 증여받은 사실이라고 명확히 확인될 때는 증여세 과세 대상이 된다는 점을 절대 잊지 않아야 한다.

증여 추정 배제 기준액

(단위: 만 원)

구분	취득재산		채무상환	총액한도
	주택	기타재산		
30세 미만	5,000	5,000	5,000	10,000
30세 이상	15,000	5,000		20,000
40세 이상	30,000	10,000		40,000

개업 자금을 가족에게 빌렸다면 사실에 기반을 둔 차용증을 작성한 뒤 이자 또는 원금을 실제 사업용 계좌를 통해서 지급하고 그 지급명세를 기록하여야 이자 비용을 사업용 경비로 인정받을 수 있다.

가끔 국세청 조사가 시작되었을 때 차용증을 부랴부랴 작성하는 납세자가 있다. 그러나 조사 직전에 작성한 차용증을 식별하는 것은 실무를 다루는 조사관으로서는 어려운 일이 아니다. 그러므로 차용증은 자금을 이체한 날에 사실관계를 명확하게 기입하여 작성하는 것이 좋다.

이자 지급 시 원천징수의무자의 의무를 잊어서도 안 된다. 지급되는 이자는 세법상 '비영업대금의 이익'으로 보게 된다. 비영업대금의 이익이란 보통 사채私債를 말하는데, 이자 지급 시 지방소득세를 포함하여 27.5%만큼 원천징수를 한 후 원천세를 신고 및 납부하여야 한다.

채권자인 가족은 비영업대금의 이익을 포함하여 연중 금융소득(이자소득과 배당소득)의 합계가 2,000만 원을 넘는 경우 금융소득 종합과세가 적용되어 종합소득세 신고 및 납부 의무가 발생하게 된다.

4. 가족에게 증여받기

실질적인 차용 형태가 아니라 실제 현금을 증여받고 증여세 신고를 하는 방법도 있다. 하지만 이런 경우 최저 10%에서 최고 50%까지 증여세가 부과될 수 있다. 특히 증여세는 자금을 받는 수증자가 납부해야 하므로 세금까지 고려해서 필요 자금을 책정해야 한다.

참고로 우리나라 상속세 및 증여세율은 OECD 중에서 최고세율에 속한다. 또 부모로부터 10년 내 추가로 증여를 받으면 이를 전부 합산하여 과세하기 때문에 특히 주의해야 한다.

다행히도 「조세특례제한법」에는 성인 자녀가 중소기업 창업 시 필요한 자금을 부모로부터 증여받을 때 아주 낮은 증여세율을 적용해주는 '창업자금에 대한 증여세 과세특례'가 있다. 18세 이상인 거주자가 일정 요건을 충족하는 업종을 영위하는 중소기업을 창업할 목적으로 60세 이상의 부모로부터 토지·건물 등 대통령령으로 정하는 재산을 제외한 재산을 증여받을 때는 해당 증여받은 재산의 가액 중 창업자금(증여세 과세가액 50억 원, 창업을 통하여 10명 이상을 신규 고용한 경우에는 100억 원 한도)에 대해서 증여세 과세가액에서 5억 원을 공제하고 10%의 낮은 증여세율만을 적용받아 창업자금으로 활용할 수 있다.

창업자금에 대한 증여세 과세특례를 적용받는 업종은 광업, 제조업, 수도, 하수 및 폐기물 처리, 원료 재생업, 건설업, 통신판매업, 대통령령으로 정하는 물류산업, 음식점업, 정보통신업, 금융 및 보험업 중 대통령령으로 정하는 정보통신을 활용하여 금융서비스를 제공하는 업종, 전문, 과학 및 기술 서비스업(변호사업, 변리사업, 법무사업, 공인회계사업, 세무사업, 수의업, 행정사무소, 건축사사무소 등은 제외), 사업시설 관리, 사업 지원 및 임대 서비스업 중 사업시설 관리 및 조경 서비스업, 사업 지원 서비스업, 사회복지 서비스업, 예술, 스포츠 및 여가 관련 서비스업, 협회 및 단체, 수리 및 기타 개인 서비스업 중 개인 및 소비용품 수리업, 이용 및 미용업, 「학원의 설립·운영 및 과외교습에 관한 법률」에 따른 직업기술 분야를 교습하는 학원을 운영하는 사업 또는 「근로자직업능력 개발법」에 따른 직업능력개발훈련시설을 운영하는 사업, 「관광진흥법」에 따른 관광숙박업, 국제회의업, 유원시설업 및 대통령령으로 정하는 관광객 이용시설업, 「노인복지법」에 따른 노인복지시설을 운영하는 사업, 「전시산업발전법」에 따른 전시산업 등이다.

창업자금에 대한 증여세 과세특례를 적용받지 못하는 대표적인 업종으로는 부동산임대업, 도매 및 소매업, 유흥주점업, 커피전문점 등이 있다. 자녀에게 도소매업이나 커피전문점 창업을 위해 자금을 증여해 주겠다는 문의가 많은데 적용되지 않는 업종임을 참고하자.

이렇게 파격적인 세제 혜택을 받을 때는 철저한 사후 관리 요건이 따른다. 창업자금에 대한 증여세 과세특례를 적용받은 후 실제로 창업을 하지 않거나 세법에 따른 가능 업종 및 사용 목적에 창업자금이 사용되지 않을 때는 증여세와 상속세를 추징하고 1일마다 0.022%가 부과되는 이자 상당액도 가산세로 납부하여야 하니 주의해야 한다. 또한 증여자가 사망하는 경우 증여재산가액을 증여받은 날부터 상속

개시일까지의 기간과 관계없이 상속세 과세가액에 가산하여 상속세를 계산한다.

5. 부모 명의 자산을 담보로 대출받기

부모 명의의 자산을 담보로 대출받아 개업자금으로 활용하는 방법도 있다. 이 경우에는 반드시 본인 명의로 대출을 받고 실제 이자 지급도 본인의 사업용 통장에서 지출되어야 이자 비용을 경비로 인정받을 수 있다.

만약 타인의 부동산을 무상으로 담보하여 이익을 얻게 되면 그 이익에 상당하는 금액이 증여세로 추징될 수 있다. 물론 그 증여재산가액이 1년 단위로 1,000만 원 미만이면 제외되므로 덜컥 겁낼 필요는 없지만, 본인이 무상담보로 차입한 금액이 증여세 과세대상이 되지는 않는지 확인해 봐야 한다. 참고로 차입이자율이 0%라고 가정하고 증여재산가액이 1년에 1,000만 원 이상이 되려면 차입금액은 217,391,304원이다.

혼자 하거나 함께 하거나

개업을 할 때 자금의 여력, 사업장의 크기, 사업 아이템의 종류 등에 따라 단독으로 진행하기도 하고 여러 사람과 함께하는 이른바 동업의 형태를 띠기도 한다. 무엇이 더 낫다고 말하기는 어렵다. 단독개업과 공동개업 모두 장단점이 뚜렷하기 때문이다.

단독개업

가장 일반적인 개업 형태다. 단독개업 후 배우자 등 가족과 함께 경영하는 경우도 많다. 물론 본인과 배우자가 각각 개업해 경영 노하우를 공유하는 방식을 취하기도 한다.

단독개업의 경우 자금 마련은 물론이고 사업 운영에 대한 모든 의사 결정을 혼자 해야 한다는 부담감이 있다. 이러한 어려움을 해소하기 위해 자영업자 커뮤니티 등을 활용하기도 한다.

공동개업

공동개업은 서로 의지할 수 있는 파트너가 존재하기 때문에 심리적 안정을 꾀할 수 있다. 반면 사업장에서 발생하는 모든 이슈에 대해서 상호 동의가 되어야 하므로 의사 결정 시간이 오래 걸리는 경우가 많다. 또 사업을 운영하면서 내부자 간 분쟁이 발생할 수도 있다. 만약 결별하게 된다면 청산의 문제가 발생할 수도 있다. 이러한 점 때문에 동업계약서를 작성하기도 한다.

동업계약서에는 공동사업자들의 당해 사업에 대한 출자, 경영 능력, 거래 형성에 대한 기여도, 명성, 동업을 위한 출연재산·지식·기술·용역 및 기타 물건 등을 종합적으로 고려해 사업상 이해관계에 따라 출자지분율과 손익분배비율을 산정한 후 사업자등록 신청 시 사업장 관할 세무서에 제출하여야 하는데, 손익분배비율이 중요한 이유는 이렇게 정해진 비율에 따라 수익과 비용의 부담 및 소득금액을 정하고 종합소득세를 신고 및 납부하기 때문이다.

기존 영업자에게 자금을 출자하여 동업자로 참여하는 경우는 기존 영업자의 재산 상황(적극재산, 소극재산 및 체납 사실)을 확인 및 평가하여 이를 명확히 기재해야 한다. 이는 기존 영업자의 출자금에 영업권을 더하여 새로이 출자금을 산정하고, 해당 금원을 평가해 지분을 산정하기 때문이다.

아울러 매월, 매 분기 또는 매년 일정한 이익 배분의 기준을 명시할 수 있다. 이때 이와 관련한 세금 규정을 명확히 기재하는 것이 좋다. 계약 해지의 구체적인 사유가 없어도 동업 관계를 청산할 수 있는 조항과 계약이 종료된 경우 정산에 관한 규정을 두는 것도 필요하다. 동업 관계가 종료될 경우 자신의 지분비율에 따른 정산 이외에 실제 동업 관계 종료에 원인을 제공한 책임자는 손해배상책임을 부담한다는 것을 명시할 수도 있다.

동업계약자 중에서 일부가 탈퇴 시 소득과 권리금 등에 대한 정산 방법, 탈퇴 구성원이 재직한 기간에 발생할 수 있는 세무조사 등의 우발 손실은 공동 책임으로 하기, 탈퇴할 때에는 최소한 3개월 전에 통보하고 그 3개월 동안에 발생하는 비용은 공동으로 부담한다는 등의 내용을 포함하는 것도 좋다.

그 외에 산업재해사고 발생 시 책임 문제, 탈퇴 후 일정 기간 동일 지역에서의 경업 및 개업금지 의무 등도 고려해 볼 수 있다.

공동사업자 중 1인에게 경영 참가 대가로 급료 명목의 보수를 지급한 때에는 당해 공동사업자의 소득분배로 보고 그 공동사업자의 분배 소득에 가산한다. 즉, 공동사업자에 해당하는 급여는 세법상 비용으로 인정하지 않고 사업소득의 분배로 보는 것이다.

한편 허위로 손익분배비율을 정하게 되면 '공동사업 합산과세'를 적용받게 된다. 이 제도는 거주자 1인과 공동사업장 구성원 간에 '특수관계'가 있고 생계를 같이하는 경우로서 손익분배비율을 거짓으로 정하는 사유가 있는 때에는 당해 특수관계인의 소득금액은 그 손익분배비율이 높은 공동사업자의 소득금액으로 보아 재계산하는 것을 말한다.

당연히 손익분배비율이 높은 공동사업자는 징벌적으로 더 높은 세금이 부과되는 제재를 받는다. 이때 그 특수관계인은 공동사업자와 연대하여 납세의무를 진다.

공동사업자 중 경영에는 참여하지 않고 투자만 한 후 이익을 분배받는다면 사업소득이 아닌 배당소득에 해당한다. 따라서 이를 지급하는 자는 27.5%(지방소득세 포함)의 원천징수를 적용하고, 이를 받는 자는 배당소득에 따른 금융소득 종합과세로 신고 및 납부하여야 한다.

공동개업 시 출자금에 대한 이자 비용은 경비 인정이 안 되는 것으로 보고 있다. 그러나 개업 후에 대출 이자 비용은 사업 관련성이 있다면 인정된다. 창업의 출자금이라고 한다면 사실 거창한 것이 아니라 대부분 임대차보증금 정도의 액수이므로 본인의 자금으로 임대차보증금 정도는 갈음하고, 그 이외의 사업장 운영을 위한 각종 지출금은 대출금으로 활용한다면 크게 문제가 되지는 않는다.

공동사업자는 전체 매출액을 기준으로 성실신고 확인 대상에 포함되는지가 결정된다. 공동사업자의 전체 매출액이 성실신고 확인 대상자 기준 소득금액 이상이 되면 성실신고 확인 제도를 적용하여 신고하여야 한다.

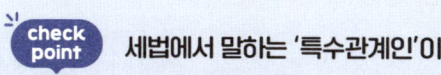 **세법에서 말하는 '특수관계인'이란?**

세법에서는 '특수관계인'에게 더 엄격한 거래 적용을 요구한다. 그러면 특수관계인이란 어떤 관계를 말하는 걸까?

구분	범위
친족	1. 4촌 이내의 혈족 2. 3촌 이내의 인척 3. 배우자(사실상의 혼인 관계에 있는 자를 포함한다) 4. 친생자로서 다른 사람에게 친양자 입양된 자 및 배우자·직계비속 5. 본인이 민법에 따라 인지한 혼인 외 출생자의 생부나 생모(본인의 금전이나 그 밖의 재산으로 생계를 유지 또한 함께하는 사람으로 한정)
경제적 연관 관계	6. 임원과 그 밖의 사용인 연관 관계 7. 본인의 금전이나 그 밖의 재산으로 생계를 유지하는 자 8. 6. 및 7.의 자와 생계를 함께하는 친족
경영 지배 관계	9. 본인이 직접 또는 그와 친족 관계 또는 경제적 연관 관계에 있는 자를 통하여 법인의 경영에 대하여 지배적인 영향력*을 행사하고 있는 경우 그 법인 10. 본인이 직접 또는 그와 친족 관계, 경제적 연관 관계 또는 8.의 관계에 있는 자를 통하여 법인의 경영에 대하여 지배적인 영향력을 행사하고 있는 경우 그 법인 *지배적인 영향력은 발급주식 총수 30% 이상을 출자한 경우, 임원의 임면권 행사 등 사실상 법인의 경영에 영향력을 행사하고 있다고 인정되는 경우임.

새로 시작할까, 이어서 할까?

요즘에는 기존에 운영하던 사업체를 인수해서 다시 개업하는 경우가 상당히 많다. 따라서 신규로 개업하는 게 나은지 기존 사업을 인수하는 게 나은지 내게 물어보는 경우가 있는데 개인적으로 본인이 명확하게 가치를 측정할 수 있고 그 가액이 합당할 때만 인수를 권하는 편이다.

느닷없이 나에게 꿈같은 기회가 찾아오는 경우는 현실에서 거의 펼쳐지지 않는다는 것을 절대 잊지 않도록 하자. 사업체가 원활하게 운영되고 있는데 왜 나에게 인수를 권하겠냐는 말이다. 그럼 개업 형태에 따라 세금에서는 어떠한 이슈가 존재할지 알아보자.

신규 개업

신규로 개업할 때 가장 먼저 진행되는 것은 사업장 매수 또는 임대차일 것이다. 대부분 임대차 방식으로 진행되지만 간혹 부모님이나 친인척 등의 건물에서 임대료를 내지 않거나 시세보다 저렴한 임차료를 지불하기도 하는데, 이런 경우 두 가지 세금 문제를 고려해야 한다.

먼저 부동산 무상 사용에 따른 증여세 추징 가능성이다. 타인의 부동산을 무상으로 사용함에 따라 이익을 얻으면 그 무상 사용 개시한 날을 증여일로 하여 다음의 계산식에 따라 증여재산가액을 계산한다.

- 각 연도의 부동산 무상 사용 이익 = 「상속세 및 증여세법」상 부동산 시가평가액 × 2%(1년간 부동산 사용료를 고려하여 기획재정부령으로 정하는 율)
- 간편법: 각 연도의 부동산 무상 사용 이익 × 3.7908(이자율 10% 시 5년간 연금의 현가율)

세법에서는 해당 부동산에 대한 무상 사용 기간은 5년으로 하고, 무상 사용 기간이 5년을 초과하면 그 무상 사용을 개시한 날부터 5년이 되는 날의 다음 날에 새로 해당 부동산의 무상 사용을 개시한 것으로 본다. 다행히 증여재산가액이 1억 원 미만이면 증여세를 부과하지 않는다.

특수관계인 간에 무상 또는 시가보다 낮은 임대료로 제공한 경우에는 그 거래가액의 적정성을 살펴서 세법상의 시가와 거래가액의 차액이 3억 원 또는 시가의 5%에 상당하는 금액에 미달하면 차액 전체를 필요경비로 인정하지 않는다. 이와 반대로 높은 임차료로 빌리거나 받은 경우에도 역시 부당행위계산의 부인대상에 해당한다.

임차료의 적정 시가는 인근 부동산의 임대 실례, 부동산 위치·이용 상황·노후 정도 등을 참작해 판단하며, 유사한 임차료의 산정이 안 될 경우에는 다음과 같이 계산한다.

$$\frac{(당해\ 자산의\ 시가 \times 50\% - 보증금) \times 정기예금이자율(연\ 3.1\%) \times 제공일수}{365}$$

기존 사업 인수

기존에 운영되고 있던 사업장의 물적·인적시설을 유상으로 양수하여 개업하는 경우도 있다. 이때 양수자는 자금을 최대한 절약하기 위해서 기존 사업장의 재무상태표와 손익계산서를 분석할 수 있어야 하고, 어떠한 방식으로 이를 계약서에 투영해야 할지 자문을 구하는 것이 좋다.

양수도는 개별자산만 하는 경우와 전체를 인수하는 포괄적 양수도 방식이 있다. 개별자산만 양수도 하는 경우는 필요한 설비 및 기기 등만 중고가격으로 구매하므로 양도를 하려는 사업장에서의 원 취득가액 및 잔존가치를 기준으로 산정하거나, 감정평가사를 통해 현재의 가치평가를 산정하면 된다.

포괄적 양수도는 사업에 대한 모든 권리와 의무를 함께 양수도 하는 방식이다. 모든 권리에는 사업에 관한 미수채권이나 영업상의 비밀, 상표권 등이 포함되며, 채무에는 미지급금이나 외상 매입금, 차입금과 선지급 받고 남은 용역, 신고기한이 도래하지 않은 각종 세금과 공과금 등의 채무도 존재한다.

양수인 관점에서 특히 고려해야 할 것은 우발채무에 관한 것이다. 양도인이 어떤 채무를 부담할지 확신할 수 없으므로, 계약서상 적시한 채무 외 우발채무의 부담을 양도인에게 이행하게 하는 내용을 특약으로 명시해야 한다.

사업 양수도 계약에 있어서 핵심은 무형과 유형자산의 가치를 산정하는 방식인데 구체적이고 객관적인 평가를 위한 취득서류 등의 확인이 먼저 필요하며, 양도자와 양수자 사이에 다툼이 생기는 것을 막기 위해서는 감정평가를 활용하는 것이 최선이다. 그 이외에도 가공자산 및 부외부채의 존부 등이 없는지 세밀한 파악이 필요하다.

마지막으로 포괄 양수도는 사업 자체가 양도대상이 되므로 사업과 관련되는 영업상의 노하우 및 장소의 이점 등의 가치가 승계되면서 '권리금'이 발생하는 경우가 많다. 여기서 권리금이란 사업의 장소적 이점이나 영업허가권의 대가로서 수수되는 금전을 말한다. 그러므로 권리금에 대한 협상도 깊이 있게 할 필요가 있다.

「소득세법」상 부동산 등 사업용 자산과 함께 양도하며 지급되는 권리금은 양도소득으로 분류되고, 부동산과 별개로 지급되는 소득은 기타소득에 포함되어 종합소득세가 과세된다.

기타소득으로 과세될 시 권리금 관련 경비가 없더라도 권리금 총액의 60%는 필요경비로 인정받을 수 있으며, 필요경비를 제한 금액의 22%를 원천징수하고 차액을 양도자에게 지급하면 된다. 양수 후에는 권리금을 무형자산으로 계상하여 5년간 정액법으로 감가상각하여 비용 처리가 가능하다. 이러한 세금 처리는 계약서 작성 전에 담당 세무사와 대화를 나누어서 도움을 얻는 것이 현명하다.

가끔 권리금을 신고하지 않는 방식으로 계약을 맺는 경우가 있는데 이때 양수자로서는 권리금 총액에 대해서 비용 처리할 수 없게 될 수 있다는 점에 유의해야 한다.

어디에서
시작할 것인가?

자영업을 시작하는 데 있어서 사업장의 위치는 상당히 중요하다. 대체로 창업을 고려하는 사람은 본인이 생각하는 한두 군데의 후보 지역이 있을 것이다. 하지만 임차료가 싸거나 내가 살고 있는 지역에 한정해서만 생각하는 것은 옳지 않다. 매출을 극대화하는 게 목적임을 절대 잊지 말자.

상권 분석을 할 때의 기본은 발품을 파는 것이다. 당연하지만 당연하게 안 하고 있는 것이 현장 임장인데 그 지역에서 잔뼈가 굵어보이는 현장 중개사님과 미리 연락을 주고받고 본인이 원하는 임차 공간뿐만 아니라 그 지역의 상권 특성 및 장단점을 최대한 물어보도록 하자.

현장에 나갈 때는 개업한 지 7년 이상 된 중개사를 찾아가길 권한다. 해당 지역의 터줏대감인 중개사를 통해 다양한 정보를 체득하는 것은 실수를 최소화하는 방법이 될 것이다.

마지막으로 본인이 실제 그 지역에서 일주일가량 낮과 밤, 주중과 주말을 지내보면서 그 지역의 상권에 대한 파악을 몸소 체험하길 바란다. 배우자 등 든든한 아군이 있다면 체크리스트를 같이 작성하고, 다른 지역을 서로 임장하며 경험을 공유하는 것도 시간과 비용을 줄이는 전략이 될 것이다.

발품을 충분히 팔았다면 이번에는 마이프차, KT잘나가게, 네모, 소상공인마당 등 다양한 지표를 확인할 수 있는 어플들을 교차로 체크하여 본인에게 유리한 상권을 새로이 탐구해 보도록 하자.

참고로 서울시에서는 매년 '서울시 상가임대차 실태조사 최종보고서'를 게시하고 있다. 서울시 145개 주요상권의 12,531개 점포에 대한 통상임대료(월세, 관리비, 보증금의 월세전환액), 권리금, 임대차기간, 매출액 등을 알 수 있는 아주 좋은 자료니 서울에서 사업을 시작하고자 한다면 반드시 확인하는 것이 좋다.

안타깝게도 2025년의 대한민국 경제를 긍정적으로 보는 신호는 많지 않은 상황이다. 이는 모든 산업군에 예외 없이 적용된다. 그러므로 개업을 하거나 본인 사업장 소재지를 옮길 예정이라면 임대인과 협상해 무상 임대를 몇 개월 얻어내는 것도 좋은 전략이다.

가끔 공실이 늘어나고 장기화되는데 왜 임대료를 낮추지 않는지 모르겠다고 한탄하는 예비 창업자들을 만날 때가 있다. 그런데 이건 임대인의 입장에서도 생각해 볼 문제다. 임대인 입장에서 임대료를 낮

서울시 상가임대차 실태조사 주요 결과 일부

8. 월평균 매출액/㎡

■ 서울 주요 상권의 월평균 매출액은 1㎡당 46.30만 원으로 나타남 (3.3㎡당 152.790만 원)

구역	상권	매출액	구역	상권	매출액	구역	상권	매출액
강남구	가로수길	41.76	강서구	송정역	34.95	동작구	총신대입구역	38.72
	강남구청역	52.22		화곡역	36.46		공덕역	38.57
	강남역	49.06		낙성대역	35.05		DMC(디지털미디어시티)	49.95
	논현역	32.59		녹두거리(대학동)	68.80	마포구	마포역	34.51
	대치역	88.53	관악구	사당역	52.29		망리단길	12.61
	매봉역	40.06		사로수길	47.33		상수역	86.85
	삼성역	86.60		서울대입구역	49.90		연남동	52.85
	선릉역	35.23		신림역	43.70		홍대입구역	49.70
	선정릉역	23.59		강변역(테크노마트)	29.21		신촌역(신촌로터리)	95.77
	수서역	29.26	광진구	건대입구역	35.69	서대문구	연희동	59.24
	신사역	22.35		구의역	29.19		이화여대	48.68
	압구정로데오역	63.38		군자역	46.72		교대역(법원,검찰청)	57.67
	압구정역	37.16		아차산역	55.22		남부터미널역	37.80
	언주역(차병원)	29.08		구로디지털단지역	55.00		방배동카페골목	40.02
	역삼역	44.65	구로구	구로역	63.29	서초구	방배역	39.48
	은마아파트	29.81		신도림역	48.62		방배사거리	41.38
	학동사거리	23.42		오류동역	55.39		서초역	36.77
	학동역	41.07		가산디지털단지	18.63		포이사거리(삼호물산)	31.93
	한티역	77.89	금천구	독산동	19.73		뚝섬역	45.67
강동구	강동성심병원	28.47		서울시홍동우체국	27.05	성동구	성수동 카페거리	59.67
	고덕역	26.74		공릉역	32.09		왕십리역	24.54
	길동역	12.30	노원구	노원역	45.57		한양대 앞 상정가	20.40
	둔촌역	11.30		중계동학원가(은행사거리)	56.13		석계역 7번	45.02

추게 되면 본인의 미래 부동산 매도 시점에 제값을 받는 데 어려움을 겪을 수 있다. 무상 임대를 몇 개월 주더라도 임대료는 기존 가액을 유지해야 추후 매도 시 가격을 유지할 수 있기 때문이다. 부동산 소유자에게 중요한 것이 수백만 원에 불과하는 몇 개월치 임대료인지, 수억 원을 호가하는 건물 매도가액인지 생각해 보면 쉽게 이해할 수 있을 것이다.

임대차계약서 작성 전 필수 확인사항

건물이나 상가를 빌려서 사업을 시작할 때 반드시 알아야 할 임대차계약서 작성 시 필수 확인사항에 대해 살펴보자.

먼저 상가건물에 대해서는 「상가건물 임대차보호법」의 기본 지식이 필요하다. 「상가건물 임대차보호법」은 상가건물 임대차에 관하여 「민법」에 대한 특례를 규정하여 국민 경제생활 안정을 보장한다. 이 법은 법적 요건을 갖춘 건물에 대해서는 10년간 계약갱신 요구권, 보증금 및 임대료 증액 제한, 우선 변제받을 권리 등을 규정하고 있다. 이 중 계약갱신권은 지역의 유대관계를 쌓아 단골을 만들어야 하는 사업의 경우 필수적인 확인사항이다.

「상가건물 임대차보호법」의 적용을 받기 위해서는 사업자등록 신청 시 임대계약서 원본에 세무서장으로부터 확정일자를 받아야 한다.

이때 임차인은 임차건물의 임차 부분도면, 사업자등록증, 임대차계약서(원본 및 사본 1부) 및 본인 신분증을 지참하여야 한다. 도면은 대개 본인이 기억하는 상가건물의 위치를 안내받은 종이에 그리거나 준비된 도면을 제출하면 된다.

1. 보증금액 확인

아래의 보증금액을 초과하는 임대차에 대해서는 상가임대차 보호를 적용받을 수 없으니 꼼꼼하게 확인하자.

1. 서울특별시: 9억 원
2. 「수도권정비계획법」에 따른 과밀억제권역(서울특별시는 제외) 및 부산광역시: 6억 9천만 원
3. 광역시(「수도권정비계획법」에 따른 과밀억제권역에 포함된 지역과 군지역, 부산광역시는 제외), 세종특별자치시, 파주시, 화성시, 안산시, 용인시, 김포시 및 광주시 : 5억 4천만 원
4. 그 밖의 지역: 3억 7천만 원

* 보증금과 차임(월세)이 같이 있는 경우에는 '차임(월세)×100 + 보증금'으로 비율 환산하여 그 적용 대상인지를 확인하여야 함.

2. 우선변제받을 권리

　임차인은 보증금 중 일정액을 다른 담보물권자보다 우선하여 변제받을 권리가 있다. 이 경우 임차인은 건물에 대한 경매신청 등기 전에 사업자등록 및 확정일자를 받아야 한다.

　우선변제를 받을 보증금의 범위와 기준은 임대건물 가액(임대인 소유의 대지 가액 포함)의 1/2 범위에서 해당 지역의 경제 여건, 보증금 및 차임 등을 고려하여 정하게 된다. 임차인의 보증금 중 일정액이 상가건물 가액의 1/2을 초과하면 상가건물 가액의 1/2에 해당하는 금액에 한하여 우선변제권이 생긴다.

　1) 우선변제를 받을 수 있는 임차인의 보증금과 차임의 범위는 다음의 금액 이하로 한다.

> 1. 서울특별시: 6,500만 원
> 2. 「수도권정비계획법」에 따른 과밀억제권역(서울특별시는 제외한다): 5,500만 원
> 3. 광역시(「수도권정비계획법」에 따른 과밀억제권역에 포함된 지역과 군지역은 제외), 안산시, 용인시, 김포시 및 광주시: 3,800만 원
> 4. 그 밖의 지역: 3,000만 원

2) 우선변제를 받을 보증금은 다음의 금액 이하로 한다.

> 1. 서울특별시: 2,200만 원
> 2. 「수도권정비계획법」에 따른 과밀억제권역(서울특별시는 제외한다): 1,900만 원
> 3. 광역시(「수도권정비계획법」에 따른 과밀억제권역에 포함된 지역과 군지역은 제외), 안산시, 용인시, 김포시 및 광주시: 1,300만 원
> 4. 그 밖의 지역: 1,000만 원

3. 임대차 보장 기간

임대인은 임차인이 임대차 기간이 만료되기 6개월 전부터 1개월 전 사이에 계약 갱신을 요구할 경우 정당한 사유 없이 거절하지 못한다. 갱신되는 임대차는 전 임대차와 동일한 조건으로 다시 계약된 것으로 본다.

임차인의 계약갱신요구권은 최초의 임대차 기간을 포함한 전체 임대차 기간이 10년을 초과하지 아니하는 범위에서만 행사할 수 있다. 그러나 임대인이 예외적으로 계약 연장을 거부할 수 있는 다음의 사유가 있다.

1. 임차인이 3기의 차임액에 해당하는 금액에 이르도록 차임을 연체한 사실이 있는 경우

2. 임차인이 거짓이나 그 밖의 부정한 방법으로 임차한 경우

3. 서로 합의하여 임대인이 임차인에게 상당한 보상을 제공한 경우

4. 임차인이 임대인의 동의 없이 목적 건물의 전부 또는 일부를 전대轉貸한 경우

5. 임차인이 임차한 건물의 전부 또는 일부를 고의나 중대한 과실로 파손한 경우

6. 임차한 건물의 전부 또는 일부가 멸실되어 임대차의 목적을 달성하지 못할 경우

7. 임대인이 다음 각 목의 어느 하나에 해당하는 사유로 목적 건물의 전부 또는 대부분을 철거하거나 재건축하기 위하여 목적 건물의 점유를 회복할 필요가 있는 경우

    가. 임대차계약 체결 당시 공사시기 및 소요기간 등을 포함한 철거 또는 재건축 계획을 임차인에게 구체적으로 고지하고 그 계획에 따르는 경우

    나. 건물이 노후·훼손 또는 일부 멸실되는 등 안전사고의 우려가 있는 경우

    다. 다른 법령에 따라 철거 또는 재건축이 이루어지는 경우

8. 그 밖에 임차인이 임차인으로서의 의무를 현저히 위반하거나 임대차를 계속하기 어려운 중대한 사유가 있는 경우

4. 보증금 및 임대료 증액 제한

차임 또는 보증금이 임차건물에 관한 조세, 공과금, 그 밖의 부담 증감이나 경제 사정의 변동으로 인하여 상당하지 아니하게 된 경우 임대인은 장래의 차임 또는 보증금에 대하여 증감을 청구할 수 있다. 그러나 증액의 경우에는 청구 당시 차임 또는 보증금의 5% 이상 비율을 초과하지 못하며, 임대차계약 또는 약정한 차임 등의 증액이 있은 후 1년 이내에는 증액하지 못한다.

보증금의 전부 또는 일부를 월 단위의 차임으로 전환하는 산식은 '보증금×전환율*÷12'로 구한다.

* 한국은행 기준금리 2.5% (2025. 05. 29. 기준) × 4.5배와 12% 중 낮은 비율을 적용함.
  2025년 5월 현재 보증금 1억 원을 월세로 전환한다면 월 937,500원임.

5. 권리금 회수기회 보호

임대인은 임대차 기간이 끝나기 6개월 전부터 임대차 종료 시까지 권리금 계약에 따라 임차인이 주선한 신규임차인이 되려는 자로부터 권리금 지급받는 것을 방해해서는 안 된다. 다만, 법에서 정하는 일정 사유가 있는 경우에는 그러하지 아니할 수 있다.

6. 임대차계약서 작성 시 특약 사항

임대차계약서 작성 시 사업장 운영에 큰 영향을 미칠 수 있는 내용, 즉 동 건물에 동 업종이 개업하지 않는다거나 주차장 및 에어컨 등 상가건물의 초기 옵션에 대한 명시를 서로 현장 확인 후 기재하고 파손에 대한 책임소재 및 기 상가 건물에 밀려 있는 전기세, 수도료 등의 현황에 대해서도 임대차 개시일 이전에 명확한 정리를 약속하는 특약 사항을 기재하는 것이 좋다.

임차료 부분에서는 건물의 공동관리비에 대한 명시 및 건물주와 임차료 수령자의 일치 여부 등을 꼭 체크해야 한다. 기타 자세한 사항은 임대차계약을 진행하는 공인중개사 또는 법무사를 통해 확인하는 것이 좋다.

마지막으로 매월 상가 임차료 및 관리비에 대한 세금계산서 또는 현금영수증 발급이 잘 되었는지도 체크해야 한다. 대부분 상가 임대하는 사업자는 건물주가 직접 세금 업무를 처리하므로 매월 정기적으로 발급하는 것을 잊어버리는 일이 간혹 발생하기 때문이다. 본인의 소중한 필요경비는 본인이 챙겨야 한다.

7. 전세권 등기 설정

「상가건물 임대차보호법」에 보호받는 보증금을 초과하여 고액임차인에 해당한다면 「상가건물 임대차보호법」의 일부만 적용[1]받게 되므로 대부분 전세권 등기를 설정하여 권리를 보호받는다. 전세권 등기의 실익이 무엇인지 항목별로 살펴보자.

1) 확정일자

기준이 되는 보증금을 초과한다면 확정일자를 받아도 의미가 없고, 「상가건물 임대차보호법」에 규정하는 우선변제권을 가질 수 없으므로 이를 확보하기 위해서 부득이 전세권 등기를 하게 된다. 그 이유는 전세권은 부동산의 사용·수익을 목적으로 하는 용익물권이지만, 등기부상 기재된 전세권의 존속기간이 경과하더라도 등기된 전세금의 범위 안에서는 담보 물권적 효력을 유지하게 되기 때문이다.

2) 보증금의 회수

임대인에게 이행의 제공을 하여야만 집행개시의 요건이 충족되어 경매를 신청할 수 있고, 우선변제권이 없으므로 반드시 임차권 내지

---

[1] 이 법이 고액임차상가에 예외적으로 적용되는 범위는 제3조(대항력), 제10조 제1항(임대차기간이 만료되기 6개월 전부터 1개월 전까지 사이에 계약갱신 요구), 제2항(최초의 임대차기간을 포함한 전체 10년의 계약갱신 요구 기간), 제3항 본문(차임과 보증금증감청구권을 제외한 전임대차와 동일한 조건), 제10조의2(계약갱신의 특례), 제10조의3(권리금의 정의 등), 제10조의4(권리금 회수기회 보호 등), 제10조의5(권리금 적용 제외), 제10조의6(표준권리금계약서의 작성 등), 제10조의7(권리금 평가 기준의 고시), 제10조의8(차임연체와 해지), 제10조의9(계약 갱신요구 등에 관한 임시 특례), 제11조의2(폐업으로 인한 임차인의 해지권) 및 제19조(표준계약서의 작성 등)이다.

전세권 등기를 하여야 보호받을 수 있다.

3) 묵시적 갱신

고액임차상가에는 「민법」이 적용되므로 전 임대차와 동일한 조건으로 다시 임대차한 것으로 본다. 존속기간에 관하여 일반 임차인과의 차이가 있게 되는데, 전 임대차의 기간이 3년이었다면 묵시적 갱신으로 인한 존속기간도 3년이 되는 것이다. 한편, 전세권은 기간의 정함이 없는 것으로 본다.

이때 전세권자가 아닌 경우 「민법」에 의하여 양 당사자가 언제든지 해지 통고를 할 수 있고 임대인이 해지 통고한 경우 6개월, 임차인이 해지 통고한 경우 1개월이 경과하면 해지의 효력이 발생한다.

전세권의 경우에는 「민법」에 따라 양 당사자가 언제든지 전세권 소멸을 통고할 수 있고, 상대방은 이 통고를 받은 날로부터 6개월이 경과하면 전세권은 소멸한다.

4) 차임증감청구권

전세권 등기가 설정된 경우 「민법」에 따라 증액의 경우 5% 비율을 초과하지 못하나, 전세권 등기가 되어 있지 않은 고액임차상가의 경우에는 별도의 규정이 없으므로 소송 등을 통하여 정해질 수밖에 없다.

5) 강행규정

「상가건물 임대차보호법」의 규정에 위반된 약정으로서 임차인에게 불리한 것은 효력이 없고 이는 강행규정이다. 하지만 고액임차상가는 이 법이 적용되지 않으므로 쌍방의 협의가 우선한다.

 **건물주가 간이과세자라며 월세 세금계산서 발급을 안 해준다면?**

간이과세자라고 모두 세금계산서를 발급할 수 없는 것은 아니다. 직전연도 공급대가 4,800만 원 이상인 간이과세자는 2021년 7월 1일 이후 공급하는 재화 또는 용역부터는 세금계산서 발급이 의무화되며, 만일 발급하지 않을 시 가산세가 부과된다. 만약 건물주가 간이과세자라면서 세금계산서를 발급해 주지 않는다면 바뀐 세법을 말하고 이를 요구하는 것이 좋다. 만약 발급해 주지 않더라도 세법에서는 간이과세자로부터 부동산임대용역을 제공받은 경우 법정지출증빙 특례규정을 통해서 그 임차료를 금융기관을 통해서 지급한 송금명세서가 있다면 경비로 인정받을 수 있고, 증빙불비에 따른 가산세도 적용되지 않는다.

사업장 건물을 취득한다면?

입지가 확실하고, 사업을 오래 지속하고자 하는 의지가 있고, 자금의 여유가 있다면 부동산의 가치 상승까지 고려해 상가 건물을 취득할 수도 있다. 이런 경우 명의를 누구로 하는 게 이득일까? 지금부터 하나씩 살펴보자.

본인 단독 명의

본인의 자금으로 단독 취득한다면 어떤 점을 주의해야 할지 하나씩 살펴보자.

1. 본인의 취득자금 소명이 가능한가?

    → 자금의 출처가 불명확한 경우 증여세 등 세무조사가 발생할 수 있다.

2. 대출금 이자 비용은 어떻게 되는가?

    → 건물에서 사업장을 경영한다면 경비 처리가 가능하다.

3. 건물의 감가상각비는 경비 처리되나?

    → 본인의 건물에 대해서 감가상각비는 종합소득세 경비 처리가 가능하다. 그러나 추후 건물을 양도할 계획이라면 양도소득세 계산 시 현재 경비 적용받았던 감가상각비는 다시 경비로 중복 적용이 불가능하고, 오히려 취득가액을 차감시키는 효과를 가져와 양도소득세를 증가시키게 된다. 그러므로 추후 양도 시 양도소득세가 부담된다면 감가상각비 경비 처리는 권하지 않는다.

    지가 상승이 예상되는 지역이라면 지금 눈앞의 종합소득세보다는 미래 양도시점에 양도소득세를 줄이는 것이 더 현명하다. 대개 양도소득세의 세율이 더 높기 때문이다.

배우자 단독 명의

배우자 단독 명의로 취득 후 배우자로부터 임차한다면 어떤 점을 살펴봐야 할까?

1. 배우자의 취득자금 소명이 가능한가?

   → 자금의 출처가 불명확한 경우 증여세 등 세무조사가 발생할 수 있다.

2. 배우자의 상가임대소득이 발생 시 어떤 점을 고려해야 할까?

   → 우선 배우자의 타 소득을 고려해야 한다. 배우자를 통해 상가를 취득하여 배우자에게는 임대소득이 발생하고, 사업장에서는 임차료가 경비 처리되므로 본인 사업장의 매출이 높아 소득세 적용 구간이 높이 적용된다는 것을 가정하여 누진세율을 분산시키는 효과가 있다. 그러나 배우자 소득 역시 높다면 상가임대업에서 벌어들이는 소득의 분산효과가 크지 않을 수 있다.

3. 배우자 소득을 낮추거나 사업장의 경비를 높이기 위해 임대료의 저가 또는 고가 설정을 할 수 있을까?

   → 세법에서는 특수관계인인 가족 등과 사업상 거래를 부당하게 하여 이익을 본 자에게 소득을 세법상 인정하는 금액만큼 높여 세 부담을 지우게 한다. 이를 '부당행위계산부인'이라고 한다. 시가가 불분명한 경우에는 부동산의 임대 실례, 부동산 위치·이용 상황·노후 정도 등 당해 부동산의 개별요인 등을 참작하여 사실 판단하며, 유사한 임차료의 산정이 안 될 경우에는 별도의 수식을 통해 계산한다(56쪽 참고). 만약 이 금액을 초과하는 금액이 시가와 3억 원 이상 또는 시가의 5% 중 적은 금액과 비교해 차이가 난다면, 차액에 대해서는 필요

경비로 인정하지 않는다.

부부 공동명의 취득

부부 공동명의 취득은 어떤 점을 살펴봐야 할까?

1. 부부 공동명의 취득 시 취득자금 소명의 장점이 있는가?
   → 부부 중 1인이 취득자금이 없더라도 배우자 간에는 10년 내 6억 원까지 증여재산공제를 적용받아 추가 증여세가 발생하지 않는다. 건물 가액이 20억 원이라면 지분의 30%까지는 증여세가 발생하지 않으면서 지분 일부를 배우자와 공동명의로 취득할 수 있고, 자금 소명도 할 수 있다.
2. 본인이 공동사업자 중 한 명인 상황에서 사업장과 임대차계약서를 맺고 임차료를 지급할 수 있을까?
   → 가능하다. 이때 시가에 맞춰 임대료를 설정해야 한다.
3. 공동명의의 추가 장점은 어떤 것이 있을까?
   → 추후 부동산 임대소득과 상가 양도 시 발생하는 양도차익이 분산되므로, 종합소득세와 양도소득세 절세 효과를 볼 수 있다.

부동산 임대법인을 통한 취득

부동산 임대법인을 설립하여 취득하면 어떤 점을 살펴봐야 할까?

1. 부동산 임대법인의 취득자금 소명이 가능한가?
   → 신생법인은 법인 내 자금 자체가 부족하므로 법인의 주주 또는 임직원의 대여금, 은행의 대출금 등으로 자금을 조달할 수밖에 없다. 다만 은행이 신용도가 없는 법인에게 거액의 대출을 승인해 주지 않을 수 있어서 자금조달이 어려울 수 있다.
2. 법인세는 소득세보다 낮으므로 무조건 유리한 것 아닌가?
   → 법인세는 소득세보다 상대적으로 세율이 낮지만, 법인의 소득은 개인의 소득이 아니다. 법인의 소득을 법인 대표의 소득으로 생각하면 오해가 발생하게 된다. '법인'은 어디까지나 별개의 인격체이므로 법인의 소득을 법인 대표가 마음대로 지출한다면 횡령이 될 수 있다.
   정당한 방식으로 법인의 소득을 법인 대표 또는 주주에게 지출하는 방법으로는 근로를 통한 근로소득과 배당을 통한 배당소득으로 나눌 수 있으며, 관련 소득세도 납부하여야만 개인의 소득으로 활용할 수 있다.

> **check point** 부동산 공동명의 시 건강보험료는?

만약 배우자가 직장가입자이고 본인은 배우자의 피부양자라면 건강보험료의 부담이 없다. 피부양자는 직장가입자에게 주로 생계를 의존하는 배우자, 직계존비속 및 형제·자매로서 소득 및 재산이 보건복지부령으로 정하는 기준 이하에 해당하는 사람을 말한다.

하지만 다음의 건강보험 직장가입자의 피부양자 부양요건에 해당하면서 소득 및 재산요건을 충족하지 못하면 본인 홀로 지역가입자가 되어 건강보험료를 납부하여야 한다.

1. 소득요건(다음 요건을 모두 충족하여야 함)

1) 이자·배당, 사업, 근로, 연금, 기타소득이 연간 2,000만 원 이하일 것
2) 사업소득이 없을 것. 다만, 피부양자가 되려는 사람이 장애인, 국가유공자, 보훈보상대상자 또는 사업자등록이 되어 있지 않지만, 사업소득의 연간 합계액이 500만 원 이하이면(주택임대소득이 있는 경우는 제외) 사업소득이 없는 것으로 본다.
3) 피부양자가 되려는 사람이 폐업 등에 따른 사유로 소득이 발생하지 않게 된 경우, 「도시 및 주거환경정비법」에 따른 주택재건축사업으로 발생한 사업소득을 제외하면 1) 및 2) 의 요건을 충족하는 경우 등 관계 자료에 의하여 공단이 인정한 경우
4) 피부양자가 되려는 사람이 기혼자인 경우에는 부부 모두 1) 부터 3) 까지의 요건을 충족하여야 한다.

2. 재산요건(이 중 어느 하나에 해당하여야 함)

1) 토지, 건축물 및 주택에 관한 재산세 과세표준의 합이 5억 4천만 원을 초과하면서 9억 원 이하이고, 이자·배당, 사업, 근로, 연금, 기타소득의 합계액이 연간 1천만 원 이하일 것
2) 토지, 건축물 및 주택에 관한 재산세 과세표준의 합이 5억 4천만 원 이하일 것
3) 형제 자매가 30세 미만, 65세 이상, 관련 법령에 따라 등록한 장애인, 국가유공자, 보훈대상자인 경우 재산세 과세표준의 합이 1억 8천만 원 이하일 것

최근 부동산 공시가격의 현실화로 토지의 과세표준인 공시지가 역시 상승률이 높은 편이다. 부부간의 증여 전에 건강보험료 피부양자 박탈 기준에 배우자가 속하지는 않는지 꼭 확인해야 한다.

어려운 세금 문제, 어디에 물어보죠?

사업 초기에는 모든 부분에서 궁금한 점이 너무 많을 것이다. 창업 카페 및 블로그 등에서 어느 정도 정보를 찾아볼 수 있지만, 세금과 같은 전문 분야에 대해서는 어디에 물어봐야 할지 막막하기만 하다. 세무대리인을 수임하고 있지 않다면 국세청에서 제공하는 다음의 다양한 상담창구를 통해 본인의 상황에 맞는 답변을 받을 수 있다.

1. 국세상담센터 126

전국 어디서나 국번 없이 126번(평일 9:00~18:00)으로 전화한 후 음성 안내에 따라 상담 분야(세목 번호)를 선택하면 상담이 가능하다. 다만 대기시간이 상당히 긴 편이다.

2. 국세청 홈텍스 사이트 내 인터넷 상담 코너

'홈텍스(www.hometax.go.kr)'에서 핫이슈 상담사례, 인터넷 상담사례, 자주 묻는 상담사례 등 유사사례를 검색하면서 궁금증을 해결할 수 있다. 검색 결과에 만족하지 못한 경우 궁금한 내용을 질문하면 48시간(토요일, 공휴일 제외) 이내에 답변을 받을 수 있다.

3. 방문상담

국세상담센터 방문상담실(제주특별자치도 서귀포시 서호북로 36)로 방문하면 친절하게 상담받을 수 있다. 기타 지역 거주자는 가까운 세무서 납세자 보호 담당관실을 방문해도 된다.

4. 국세법령정보시스템 인터넷 사이트(taxlaw.nts.go.kr)

국세법령정보시스템에서는 다양한 세목에 대한 구체적 법규 및 심판과 법원 판례들을 검색하여 찾아볼 수 있다. 다만 세법 관련 용어에 익숙하지 않은 초보자가 접하기에는 다소 어려울 수 있다.

5. 세법해석 사전답변제도

납세자는 자신의 사업 또는 자신과 직접 관련된 특정한 거래에 관한 세법해석 사항을 법정 신고 기한 전에 질의 신청할 수 있다. 세법해석 사전답변제도는 전화 상담, 인터넷 상담 등과 다르게 답변에 대한 구속력이 있다. 그만큼 국세청에서는 답변을 신중하게 하므로 답변을 받기까지 긴 시간이 걸릴 수 있다.

 **신고·납부 세목과 보통징수 세목**

세금은 납부 방식에 따라 신고·납부 세목과 보통징수 세목으로 나눌 수 있다.

신고·납부 세목은 납세의무 성립 후 일정 기간 이내에 납세의무자 스스로가 과세표준과 세액을 신고하고 동시에 납부하는 것으로서 납세의무자의 성실성을 존중하는 제도지만, 이를 이행치 않을 때는 가산세가 부과된다. 지방세로는 대표적으로 취득세가 있고, 국세로는 종합소득세, 부가가치세, 양도소득세, 법인세 등이 있다. 증여세와 상속세는 신고 및 납부 의무가 있지만, 신고 이후 국세청에서 신고의 적정성을 조사하여 결정하고 추가징수액이 발생하면 이를 통지하고 있다.

보통징수 세목은 국가가 세액을 더 잘 계산할 수 있는 경우로써 추상적으로 성립된 납세의무에 대하여 그 내용의 확정 권한이 과세관청에 부여되어 있다. 즉, 과세관청의 부과처분으로 세액이 확정되며, 납세고지는 곧 부과처분의 성격을 가진다. 지방세에서의 재산세와 국세에서의 종합부동산세가 대표적이다.

2장

돈 되는 마케팅은 따로 있다

한 사람에게 50개의 질문을 하라

　막대한 자금을 가진 기업이 아니고서는 대중에게 브랜드를 인지시키기란 상당히 어렵다. 특히 스타트업 경영자들은 창업 당시의 비전과 목표에 따라 의욕이 넘치는 경우가 많은데, 의지는 높이 사나 대부분 이상에 그치는 경우가 많다.

　고객과 기업의 이익 관계를 무시한 채 메시지만 전달하는 마케팅은 아무 소용이 없다. 고객 없는 마케팅을 왜 하는가? 이 책을 접하는 분들은 대부분 자영업에 관심이 있는 분들일 것이다. 브랜드 이미지는 현실적으로 여러분이 꿈꿀 바가 아니다. 외부에 광고를 맡겨도 마찬가지이다. 요즘 유행에 맞춘 재미 위주의 콘텐츠는 흥미만 이끌어낼 뿐이지 고객과 매출을 상승시키는 데 생각보다 도움이 되지 않는 경우가 많다. 고객에게는 무조건 우리 회사의 '상품'을 인지시키고, 갖고 싶게 만들고, 이를 행동으로 옮기게끔 마케팅을 시도해야 한다.

다양한 부류의 고객이 다양한 상품을 골고루 구매해 주는 경우는 매우 드물다. 충성도 높은 고객 20%가 80%의 매출을 일으킨다는 것은 누구나 알고 있다. 그러므로 충성 고객으로 타깃을 좁혀야 한다. 즉, 50명에게 한 가지의 질문을 하는 것이 아니라 한 사람에게 50가지 질문을 던지는 것이다. 그리고 질문을 통해 아래 두 가지를 반드시 알아내야 한다.

1. 충성 고객은 왜 그 상품을 선택하였는가?
2. 회사는 자사의 상품을 선택받은 이유가 무엇인지 알고 있는가?

여기서 얻은 답을 토대로 우리 회사 상품의 진정한 가치가 무엇인지, 이를 극대화할 수 있는 마케팅 방식은 무엇일지를 고민하고 적용해야 한다.

나는 '상속세' 상담을 자주 하는 편인데, 이를 고객에게 어떻게 어필해야 하는지에 대해 고민을 많이 했다. 나의 경쟁력은 무엇일까에 대해 진지하게 고민했고, 그 결과 상속인을 돕고자 장례 이후 한 시간 동안 무료로 상속세 상담을 진행해 보기로 결정했다. 이때 수박 겉핥기 식이 아니라 등기부등본을 발급받고, 감정평가사를 통해 시가평가도 제대로 한 후 예상 상속세 및 취득세, 그리고 현재 상속 부동산의 현황도 꼼꼼하게 파악하였다. 또 미팅 시에는 상속세 신고 절차와 과정, 그리고 향후 6개월 동안 어떤 업무를 해야 하는지, 상속세 신고 및 납부 이후 세무조사는 어떤 식으로 이루어지는 등에 대해 매우 상세하게 상담해 주었다. 나의 이런 헌신은 업무 수임률을 획기적으로 높이는 데 큰 기여를 해냈다.

경쟁사
분석의 중요성

아직도 내 실력을 믿어줄 사람이 알아서 날 찾아올 거라고 생각하는가? 그런 일은 절대로 일어나지 않는다. 그래서 마케팅이 비즈니스 성패에 중요한 역할을 하는 것이다. 마케팅에 대한 내 생각은 확고하다. 최대한 많은 곳에 노출시켜야 한다는 것이다.

"동네에서 작은 가게를 운영하는데 무슨 홍보를 어떻게 해야 할지 모르겠어요."

이렇게 말하는 분들에게 경험자로서 한마디 해주고 싶다. 마케팅에 대해 그런 생각을 갖고 있으면 당신은 급격히 떨어지는 매출을 경험하게 될 것이다.

그렇다고 대기업의 거창한 브랜딩 이미지를 추구하라는 말이 아니다. 본인의 사업에 맞게 이익을 추구하되 현실적인 방안을 고민해 보자는 이야기다.

예를 들어 내가 운영하는 커피숍에 사람들이 자주 찾길 바란다면 충성 고객을 위한 고객 관리를 해야 한다. 10번 이용 시 음료를 무료로 제공하는 쿠폰이 아마 가장 일반적으로 생각할 수 있는 방법일 것이다. 이때 쿠폰의 회수율을 확인하면서 만족도를 측정하는 일이 병행되면 더 좋지 않겠는가. 이렇게 내가 소비자의 입장에서 접했던 마케팅 방식에 한 단계 더 나아간 무언가를 발견하는 일이 필요하다. 이를 위해서는 경쟁사의 홍보 방식을 연구하는 일이 중요한데 경쟁업체가 활용하고 있는 대면과 비대면 마케팅 방식은 어떤 것이 있고, 이에 대해서 스스로 진행하는 바인지 아니면 외부 마케팅 업체에 외주를 맡기는 것인지, 나아가 비용은 월 얼마 정도 지출하고 있으며 이에 대한 기대효과가 어떤지를 꼼꼼히 살펴봐야 한다. 경쟁사의 마케팅 분석이 정확할수록 본인 사업장을 더 날카롭게 홍보하는 시각을 가질 수 있기 때문이다.

누구에게 무엇을 전달할 것인가

요즘에는 SNS 등을 활용한 온라인 마케팅이 대세라고 할 수 있다. 이때 미디어마다 주 시청자층의 세대가 다른데 젊은 층일수록 틱톡이나 릴스 같은 짧고 감각적인 콘텐츠가, 나이대가 올라가면 유튜브 등을 공략하는 게 합리적이다.

내 경우에는 주 고객층이 50대 내외이므로 온라인 미들 콘텐츠가 가장 적합하다. 그렇다고 쇼츠나 릴스와 같은 짧은 미디어를 하지 않는 것은 아니다. 그 비중이 높지 않을 뿐이다.

다양한 미디어 중에서 어떤 것을 선택해 동영상 광고를 집행하는 것이 타깃 고객에게 효과적일지 고민할 때는 미디어의 특성을 반드시 함께 고려해야 한다. 아무리 전략과 크리에이티브가 훌륭해도 타깃에 맞지 않는 미디어를 선택하면 효과를 극대화하기 어렵다.

잊지 않아야 할 핵심은 '누구에게', '무엇을' 전달할지에 대한 전략을 먼저 세우고 나서 접근하는 것이다. 만약 미디어, 메시지 순으로 전략을 결정하게 되면 아무래도 타깃이나 상품에서 전달하고 싶은 매력, 즉 전략 자체가 좁아질 수밖에 없다.

꾸준히 쌓으면
반드시 돌아온다

마케팅이 중요하다고 해서 반드시 거창한 브랜딩 이미지를 만들라는 의미는 아니다. 본인 사업에 맞는 마케팅을 본인이 주체적으로 지휘할 수 있어야 한다. 마케팅 업체에 의존하는 수동적 마케팅은 마케팅 업체와의 계약이 끝나는 시점에 바로 그 효과가 끝나버릴 것이다.

능동적인 마케팅을 하기 이전에 일반적으로 본인 사업의 시장에 어떤 식으로 마케팅이 펼쳐지고 있는지 알기 위한 접근이 선행되어야 한다.

먼저 마케팅 업체의 비용을 알아보자. 본인 사업에 전문성이 있는 마케팅 업체 세 곳 이상에 견적을 받아보면 된다. 이 일은 단순히 시장조사라는 의미를 넘어서서 현재 나의 업종에서 가장 많이 쓰이는 마케팅 방식이 무엇인지에 대한 힌트도 얻을 수 있다.

사실 전문직 마케팅 대행사를 고르는 것은 상당히 힘들다. 어떤 곳을 골라야 할지 판단할 수 없을뿐더러 허울만 멀쩡한 곳에 돈과 시간을 날리게 될 수도 있다.

사람마다 자신이 모르는 것에 대해 크게 개의치 않는 지점이 존재한다. 마케팅이 여기에 해당할 수도 있다. 이런 심리를 마케팅 대행사가 파고들어 자신들의 활용 가치를 어필하는 것이다. 하지만 아는 만큼 보인다라는 말처럼 마케팅에 대해 최소한의 지식을 갖고 있어야 효과적으로 운용할 수 있다.

만약 온라인 마케팅 업체에 유튜브 광고를 의뢰하게 된다면 기존의 마케팅으로 구독자를 최대 얼마까지 이끌어냈는지 정도는 반드시 체크해야 한다. 1만 명의 구독자도 모아본 적 없는 업체가 버젓이 유튜브 마케팅을 하는 곳이 마케팅 시장이기도 하기 때문이다. 심지어 채널 운영의 서브로 참여하였는데 주요 기획자였다고 거짓말을 하는 경우도 더러 있었다. 이런 마케팅 업체의 실체를 파악하기 위해서라도 본인이 더욱 능동적으로 나서야 한다.

그렇다면 능동적 마케팅으로 나아가기 위해서는 어떻게 접근하는 게 좋을까? 첫 번째로는 본인 예산에서 감당할 수 있고 효과가 보증된 곳과 계약을 맺는 것이다. 외주를 맡기는 상황에서 능동적인 마케팅이 될 리 없으니 여기서 추가로 두 가지를 더 실천해야 한다.

첫째, 1년마다 재계약을 하는 조건으로 계약을 맺는 것이다. 단기적인 성과가 나오지 않는다고 낙심하지 말고, 1년 정도는 마케팅 업체를 믿고 성과를 측정하도록 하자.

둘째, 외부업체에 마케팅을 맡겼다고 해서 수동적으로 대응하는 것은 옳지 않다. 마케팅 방식에 대해 궁금한 점은 묻고 알아가면서 본인의 것으로 체화해야 한다. 그리고 추후 마케팅 업체와의 계약이 종결되더라도 그동안 배웠던 방법을 활용해서 내가 직접 할 수 있어야 한다.

유튜브의 경우 어떤 키워드의 어떤 콘텐츠가 현재 인기를 끌고 있는지 끊임없이 연구하고 응용해서 본인의 언어로 체화시켜야 한다. 대표적으로 유튜브 데이터 분석을 해주는 사이트는 블링, 뷰트랩, 구글트렌드, 메타데이터, 플레이보드, 인플루언서 등이 있다.

해당 사이트를 통해 본인의 주력 콘텐츠 키워드를 검색한 후 상위권에 포진되어 있는 경쟁업체의 영상은 어떤 방식으로 만들고 있는지 분석하고 이를 응용하는 것이 기획의 시작이라 할 수 있다.

나 역시 온라인 마케팅을 적절히 활용해 효과를 누리고 있는 세무사다. 가끔 나에게 키워드 검색 광고에 대해 묻는 분이 계시는데, 키워

'상속세' 키워드 1위에 올라와 있는 나의 영상

드 검색 광고는 단발성이라고 할 수 있다. 즉 경쟁사가 더 높은 금액을 지불하면 내 광고가 단번에 뒤로 밀린다는 뜻이다.

결국 마케팅은 축적형으로 접근해야 한다. 소비자는 축적한 이미지를 통해 장기적 기억을 형성한다. 이러한 인지도가 만약 70% 정도 형성된다면 하루아침에 이 인지도가 0%로 추락하는 일은 거의 발생하지 않는다. 실제로 내 경우에도 업무가 너무 바빠 일정 기간 유튜브 촬영을 못 한 적이 있었다. 그럼에도 불구하고 상담 문의는 지속적으로 들어왔다. 이 경험을 미루어봤을 때 축적형 마케팅의 효과는 꽤 든든하다고 할 수 있다.

당연히 축적형 마케팅의 가치가 하루아침에 완성될 리 없다. 눈에 보이는 효과가 미미하더라도 시간을 들여 천천히 쌓아가야 한다. 이렇게 쌓인 회사의 가치는 경쟁사에서 쉽게 흉내 낼 수 있는 것이 아니다.

전문직 마케팅은
이것이 다르다

전문자격사 시험에 합격하면 원하는 보상을 받을 수 있을 것이라고 착각하는 사람들이 많다. 순식간에 돈 방석에 올라앉을 수 있을 거라고 생각하기도 한다. 하지만 그것 역시 착각에 불과하다. 자격증을 취득한 전문직이라 할지라도 보상이 절대 그냥 주어지는 게 아니다. 자기 자신이 가진 능력을 이용해 나를 마케팅하고 브랜딩해야 한다. 실무도 실무지만 결국 거래를 어떻게 만들어내느냐에 따라 능력의 척도가 갈리는 셈이다.

여기서 중요한 것은 시간이다. 업무만으로도 하루가 짧은데 일일이 사람들을 만나 마케팅을 하기에는 시간적으로나 공간적으로나 큰 제약을 받을 수밖에 없다. 따라서 전문직 자영업자라면 온라인 마케팅에 집중하는 게 훨씬 효율적이다.

그렇다면 어떻게 나의 전문성을 홍보할 수 있을까? 중요한 것은 전문성을 키우는 것이 아니라 전문성을 드러내는 기술을 익히는 것이다. 전문성과 이력이 확실하다고 해서 누구나 성공할 수 있는 것은 아니다. 클라이언트에게 선택받을 수 있는 지점을 잡아내서 공략하는 게 좋다. 그게 바로 브랜딩이다.

내 경우 불특정 다수의 자영업자와 자산가를 상대하기 때문에 비대면 마케팅 방식에 집중했다. 블로그에 꾸준히 글을 쓰고, 이를 모아 책을 출판하면서 인지도를 쌓았다. 처음에는 카메라 앞에서 얼굴을 드러내고 말을 하는 게 어색하고 부끄러웠지만 유튜브 채널을 운영하면서 다양한 영상 마케팅 전략을 배울 수 있었다. 유튜브에 익숙해진 이후로는 인스타, 릴스, 스레드 등의 다양한 SNS 마케팅으로 넘어가는 것이 아주 수월해졌다.

내가 아쉬워하는 점은 이러한 마케팅의 중요성을 개업한 이후에 깨달았다는 점이다. 개업한 이후에 어떻게든 되겠지, 누군가 나를 찾아오겠지라는 안일한 마음을 갖고 있다면 내 뒤에서 바짝 쫓아오는 대출 원리금 상환 독촉과 상가 임차료의 압박을 몸소 느끼게 될 것이다.

만약 6개월 이내에 개업을 생각 중이라면 지금 당장 블로그를 개설하고 글을 작성하자. 글을 올리면서 대중에게 피드백을 받고, 현실에서 쓰이는 마케팅 공부를 해야 한다. 반나절이나 정성 들여 쓴 내 글이 조회수가 왜 10밖에 되지 않는지, 대충 복붙해 놓은 다른 블로그 글이 왜 인기글에 올라 있는지를 고민하고 공부해야 한다는 것이다.

개업 이후 자영업자는 절대적인 시간 부족에 빠지게 될 것이다. 그때 돼서 마케팅까지 한다는 것은 결국 잠을 줄여야 가능한 일이다. 개업을 준비할 때, 마케팅에 대한 공부까지 반드시 마쳐야 한다는 사실을 잊지 않도록 하자.

유튜브 구독자
11만 명이 돼서 느낀 것들

　외부 마케팅 업체의 도움 없이 스스로 열심히 머리 굴리고, 깨져가면서 본격적으로 유튜브 채널을 운영한 지 얼추 3년이 되어 간다. 이제는 유튜브 구독자가 11만 명을 넘으면서 채널 활성화와 이를 통한 고객 유치 모두 안정되었다.

　나아가 전문직 마케팅 강의도 활발하게 진행하고 있다. 의사, 변호사, 감정평가사, 공인노무사, 세무사 등 다양한 전문직 종사자에게 채널 운영 방식과 개업 후 연차에 맞는 마케팅 운영 방식에 대해서도 도움을 드린다.

　전문직 마케팅 강의를 갈 때면 유튜브의 운영 원리를 모르는 분들이 정말 많다는 사실을 새삼 알게 된다. 구독자 수가 적은 유튜브 채널은 검색이 되지 않는다는 사실을 처음 알았다는 수강생도 많다. 그만큼 전문직 유튜브 채널은 많아졌고, 마케팅도 엄청난 경쟁을 통과해야 한다. 실제로 2014년 변호사 수는 13,000여 명이었지만 2024년 현재는 35,647명으로 10년 새 약 2.7배 증가하였고, 매해 활동한 의사 수는 2013년 90,710명에서 2022년 112,321명으로 증가하였다. 다른 전문직도 마찬가지로 매년 수백 명씩 합격자 인원을 새로 배출하고 있다.

솔직히 말해 세금이라는 콘텐츠는 비주류에 가깝다. 아무리 마케팅을 잘해도 최대 구독자 수가 20만 명을 넘기기 어렵다. 세금은 계속적이고 반복적인 콘텐츠라기보다는 문제가 발생한 이후에 찾는 일시적이고 우발적인 이슈에 가깝다. 따라서 자신에게 닥친 문제를 빨리 해결하고 싶을 뿐이지 구독까지 하면서 꾸준히 세금 관련 공부를 한다는 건 현실적으로 쉽지 않은 일이다.

세무사뿐만 아니라 상당히 많은 수의 전문직 마케팅이 지속적이고 반복적으로 콘텐츠를 생산해 내기 어려운 실정이다. 그렇다고 해서 마케팅을 멈출 수는 없다. 본인의 전문성에 대한 진지한 자세를 계속 보여주는 것만큼 고객에게 신뢰를 줄 수 있는 방법이 없기 때문이다.

전문직들에게 가장 효과적인 마케팅 방법은 원소스멀티유즈OSMU, One-Source Multi-Use(하나의 원천 콘텐츠를 활용해 다양한 형태의 새로운 콘텐츠나 상품을 만듦으로써 부가가치를 극대화하는 것)를 활용하는 것이다. 하나의 콘텐츠를 연구했다면 이를 블로그·글로 작성하고, 가다듬어 유튜브 콘텐츠로도 촬영해 올리면 된다. 나아가 본인의 강점을 강하게 드러낼 수 있는 기존 글들을 모아 책을 집필한 후 홍보한다면 고객에게 더 큰 신뢰를 줄 수 있을 것이다. 이는 결국 그 분야의 전문가로 정평이 나게 될 것이고 매출은 자연스럽게 급성장하게 될 것이다.

대부분의 전문직이 유튜브를 시작하기 전에 망설이게 된다. '내가 그래도 명색이 전문직인데 얼굴 팔리게 영업할 필요 있나? 시간이 조금 지나면 고객이 줄을 서겠지?'라는 마음 때문이다. 하지만 막상 개업하면 현실을 알게 된다. 업계 선배들이 괜히 앓는 소리를 한 것이 아님을 말이다. 그래서 얼굴을 드러내는 영상 마케팅에 대해서 열린 마음을 먼저 가지는 것이 중요하다.

특히 여성들은 영상의 정보와 무관하게 외모 등에 대한 평가로 가슴앓이하는 경우가 많다. 하지만 이런 악플에도 의연하게 대처하는 마음가짐이 필요하다.

만약 유튜브 등 영상 마케팅에 도전하기로 마음 먹었다면 촬영을 위한 카메라와 조명, 마이크 세팅과 기초적인 편집프로그램 활용법을 익혀 편집을 직접 할 수 있는 수준까지 배우는 것을 추천한다. 물론 직원을 채용해서 업무를 맡기는 것도 좋지만 스스로 편집 및 업로드에 대한 경험이 없으면 업무 지시를 원활하게 할 수 없기 때문이다.

마지막으로 유튜브 마케팅이 빛을 발하기 위해서는 절대적인 콘텐츠 수를 쌓을 필요가 있다. 본인은 자신의 영상이 엄청나게 창의적이라고 생각하겠지만 유튜브 알고리즘은 그러한 초보자를 마음 넓게 받아주지 않는다. 구독자가 적은 채널의 콘텐츠는 노출되기 어려운

게 현실이므로 최대한 콘텐츠를 많이 만들어서 세상 속에 내놓아야 한다.

생각해 보자. 내가 어떤 유튜버를 구독하려고 하는데, 영상이 10개도 되지 않는다면 쉽게 구독을 할 수 있겠는가? 일부 유명 연예인은 적은 수의 영상으로도 구독층을 쉽게 얻을 수 있겠지만 우리 같은 일반인에게는 결코 가능하지 않은 일이다. 지식의 퇴적물을 꾸준히 쌓아 사람들에게 최대한 많이 도달하게 되면 유튜브 속 나의 게시물은 내가 자는 동안에도 24시간 끊임없이 나를 도와주는 든든한 영업맨이 되어줄 것이다.

책은
2만 원짜리 명함이다

나는 지금까지 학원 교재용 비매품 저서 및 공저를 포함하여 약 15권의 책을 집필하였다. 그래서 책이 주는 전문성에 대한 신뢰도가 얼마나 강한지 알고 있다. 특정 분야에 대한 지식 서비스를 준비하고 있다면 본인 이름의 저서를 쓰길 적극 권한다. 다음은 내가 저자로서 많이 받는 질문 세 가지를 정리한 내용이다.

Q. 내가 가진 지식이 부족한 것 같은데 책을 써도 될까요?

당연히 내가 해당 업무 분야에서 가장 뛰어난 사람은 아닐 것이다. 그러나 전문적 지식을 통해 고객층에게 도움을 주고자 하는 마음은 본인과 업계 정점에 있는 전문가 모두 같을 것이다. 그러므로 나의 지적 향상과 업무의 자신감을 쌓는다는 관점으로 책을 집필한다면 이는

나의 출간 도서

 《2025 결국은 부동산》

 《부의 이전 확장판》

 《나의 토지수용보상금 지키기》

 《2024 결국은 부동산》

긍정적인 마케팅 효과로 이어질 것이다.

무엇보다 책을 집필하면서 내가 가장 크게 깨달았던 것은 엄청난 자기 성장을 할 수 있었다는 점이다. 앞서 말했지만 내 이름이 들어가는 책을 집필한다는 것은 설사 아무도 그 책을 구입하지 않고, 아무도 그 책을 읽지 않더라도 본인에게 상당한 부담으로 와닿는다. 목차를 짜고 그 꼭지와 관련된 자료들을 취합하면서 책을 집필하기 위한 자료 수집 및 관련 예규 및 판례 등을 읽고 자기화시키다 보면 그 분야에서 몰랐던 부분들을 상당히 많이 메꿀 수 있다. 말 그대로 책을 쓰면서 본인이 성장하는 케이스다.

나 역시 책을 쓰면서 많이 성장했다고 느낀다. 예를 들어 세무사가 모든 업종의 기장을 다 할 수 있다는 건 거짓말에 가깝다. 본인이 수임하고 있는 업종이 아닌 경우 수익 구조조차 모르는 경우가 허다하기 때문이다. 그런데 2021년 초보 사장을 위한 세금 책을 집필하면서 다양한 업종의 세무 조사 케이스와 판례를 접하게 되었고 이후 관련 업종의 기장 업무가 들어오면 그때 학습된 정보를 토대로 막힘없이 도움을 드릴 수 있게 되었다.

책을 쓴다는 것을 단순히 홍보가 아닌 고객에게 신뢰를 주는 자기 성장의 측면에서 바라보길 바란다. 지금도 나는 매년 두 권 이상의 책을 꾸준히 집필하려고 노력하고 있다.

Q. 책 쓰는 데 얼마나 걸리나요?

이건 정말 대중이 없다. 내 주위 분들을 통해 얘기하자면 꾸준히 블로그에 자신의 업무를 정리해 두었던 변호사는 첫 원고 초안을 작성하는 데 두 달이 채 걸리지 않았다. 반면 생각은 많았지만 이를 글로 표현하는 경험이 부족했던 어느 공인중개사는 책의 방향성을 설정한 이후에도 1년 여 넘게 시간을 들여 초고를 완성해 냈다.

만약 출판을 고려하고 있다면 지금 당장 컴퓨터를 켜고 목차부터 작성해 보자. 생각보다 꼭지의 수가 적다면 세분화시키거나 추가로 파생시켜야 한다(일반적으로 책 한 권을 쓰기 위해서는 40꼭지 내외가 필요하다).

목차를 정리하기 어렵다면 시중에 나와 있는 책을 보면서 자신의 방식대로 접목해 보는 것도 좋다. 나는 보통 책 한 권을 준비하면 시중에 나와 있는 동종 주제의 3년 치 책을 모두 구입해 읽어본다. 이 정도 노력도 없이 본인의 이름으로 책을 쓰겠다는 생각은 버리자. 기억하자. 당신은 전문직이다.

Q. 책을 쓰면 팔리기나 할까요?

결론부터 말하자면 전문직의 책은 절대 '잘' 팔리지 않는다. 앞서도 말했지만 전문직이 쓴 업무 관련 책은 사건이 터졌을 때 찾는 실무서에 가깝다. 그러므로 미리 대비하며 책을 사서 공부하자는 마음보다는 그 사건을 빠르게 해결해 줄 전문가를 수소문하는 것이 현실적으로 좋은 대안에 가깝다.

당연히 출판사의 입장에서도 전문직의 출판은 달가운 일이 아니다. 요즘 출판 시장은 말 그대로 최악이다. 2023년 독서문화 통계에 따르면 우리나라 성인들의 연평균 종이책 독서량은 5.4권으로 집계되었다. 따라서 출판사 입장에서는 기본적으로 판매가 보장될 수 있는 저자를 찾기 마련이다. 판매가 보장된다는 것은 인지도가 높다는 걸 뜻한다. 결국 내가 책을 써서 성공하고 싶다면 블로그와 유튜브 운영 등을 지속하면서 인지도를 쌓고, 책을 출간하기 위한 준비를 항상 하고 있어야 한다는 의미가 된다.

나는 강연에 갈 때마다 "전문직에게 책은 2만 원짜리 명함이다"라는 말을 한다. 소설가나 시인처럼 사람들이 내 책을 들고 나에게 찾아오는 일은 거의 없다. 반대로 내가 고객을 만날 때 내가 집필한 책을 사인해서 주는 경우가 많다. 내가 책을 건넬 때 고객은 이렇게 생각한다. '이 정도 두꺼운 책을 쓸 정도면 업무에 대한 전문성이 높겠구나!' 내가 건네는 책을 통해 그들은 신뢰를 느끼게 되고 결국 이는 업무 수임으로 이어지게 된다.

절대 하면 안 되는 마케팅 콘텐츠

많은 전문직이 채널을 개설한 후 일상 글을 작성하기도 하고, 브이로그를 찍어 영상 콘텐츠를 올린다. 수험 생활과 직장 생활에 대한 이야기를 담기도 한다. 이러한 콘텐츠들은 조회수가 잘 나오기 때문에 내가 제대로 된 마케팅을 하고 있다고 착각하게 만들기도 한다. 하지만 조회수도 많이 나오고 좋아요 수도 많은데 이상하게 나를 찾는 고객이 늘지 않는다면 콘텐츠의 성격에 대해서 다시 고민해 봐야 한다.

생각해 보자. 고객이 지금 소송에 걸려 있고, 이 소송의 결과에 따라 앞으로의 인생이 달라질 수 있는 상황이라면 당장 승소하여 문제를 해결해야 할 것이다. 이런 상황에서 변호사의 일상 콘텐츠나 브이로그를 보면서 전문가를 수임하는 일은 벌어지지 않을 것이다.

전문직 시장은 전형적인 정보 비대칭 산업이다. 정보 비대칭 산업은 품질의 차이가 있고 그 차이를 구매자가 정확하게 인지할 수 있도록 추가적인 정보를 제공해 줘야 한다. 의뢰인은 전문가의 법적 지식의 깊이를 직접 판단하기 힘들다. 그래서 전문가가 직접 자신의 전문성을 표현할 수 있어야 의뢰인으로부터 선택받을 수 있다.

물론 성과 이력이나 수치와 같이 직관적으로 보여줄 실적이 있다면 가장 편할 것이다. 하지만 실적이 없거나 실적만으로 전문성을 판단하기 어려운 경우에는 어떻게 해야 할까? 인플루언서처럼 자신이 제공하는 전문 서비스의 가치를 더 쉽게 이해시킬 수 있는 콘텐츠를 만들어야 수임 기회를 잡을 수 있을 것이다.

여러분이 고객이고 주변에 알고 있는 전문가가 없는 상황이라고 가정해 보자. 여러분은 인터넷 검색을 통해 이 문제를 해결해 줄 두 명의 전문가를 알게 되었다. 1번 전문가는 전문성이 상당히 높은데 블로그나 유튜브로 쌓아놓은 콘텐츠가 별로 없다. 반면 2번 전문가는 전문성과 경험이 부족하지만 블로그와 유튜브에 특정 분야의 콘텐츠를 여럿 포스팅해 두었다. 이때 고객 입장에서는 2번 전문가를 선택할 확률이 상당히 높다. 1번 전문가의 전문성을 확인할 길이 없기 때문이다. 실제로 전문성은 다소 부족해도 관련 콘텐츠가 여럿 보이는 것이 고객 입장에서는 훨씬 믿음직스럽다. 콘텐츠의 양이 전문성을 어필할 수 있는 확실한 수단이 되기 때문이다. 따라서 업무 실력을 쌓는 것만큼 나를 드러낼 수 있는 효과적인 브랜딩에도 고민해야 한다. 그것이 요즘 생존 기술이다.

3장

경영의 절반은 세금이다

사업자의 핵심 세금 3가지

세금은 기한 내 신고 의무를 이행하지 않으면 가산세를 물어야 한다. 따라서 아래 연중 세금신고 일정표를 참고해 매월, 매 분기, 매년 진행되는 납세 관련 업무를 체크하고, 자금 운용 계획도 함께 세우는 것이 좋다.

연중 세금신고 일정표

시기	주요 세무업무
매월 반복 업무	매월 10일 : 직전월 원천징수 법인세·종합소득세·지방소득세 납부 전월 거래분 전자세금계산서 발급기한 4대 보험 고지분 납부 매월 15일 : 고용·산재보험 근로 내용 확인신고 매월 말일 : 직전월 일용근로소득 지급명세서 제출, 직전월 인적용역 사업소득 간이지급명세서 제출

월	일자	내용
1월	10일 : 25일 : 31일 :	전년도 하반기 소규모사업자 원천세 반기별 납부 **전년도 2기 부가가치세 확정 신고 및 납부** 종합소득세 중간예납분 분납 기한
2월	10일 : 28일(말일) :	**전년도 귀속분 면세사업자 사업장 현황신고** 전년도 귀속 연말정산 마감 전년도 귀속분 지급명세서 제출
3월	10일 : 31일 :	전년도 귀속분 지급명세서 제출(일용직 제외) **12월 말 결산법인 법인세 신고·납부** 공익법인 등의 세무확인서, 출연재산 등에 대한 보고서 제출
4월	25일 : 30일 :	**1분기 부가가치세 예정신고·납부** 12월 말 결산 공익법인의 결산서류 등 공시 12월 말 결산법인 법인세 신고분 지방소득세 신고 및 납부
5월	31일 :	**종합소득세 확정 신고 및 납부(지방소득세 포함)** 사업용 계좌 변경, 추가 신고기한
6월	10일 : 30일 :	하반기 부가가치세 주사업장 총괄납부 신청 및 포기신고, 사업자 단위 과세사업자 등록 **성실신고확인서 제출대상 개인사업자 종합소득세 확정 신고 및 납부**, 사업용 계좌 신고기한, 소규모사업자 하반기 원천세 반기별 납부 승인신청 기한
7월	10일 : 25일 : 31일 :	상반기 소규모사업자 원천세 반기별 납부 **부가가치세 확정 신고·납부** 재산세 고지 분 납부
8월	31일 :	12월 말 결산법인 법인세 중간예납
9월	30일 :	종합부동산세 과세특례신고-임대주택 합산배제 신고
10월	25일 :	**3분기 부가가치세 예정신고·납부**
11월	30일 :	종합소득세 중간예납세액 납부 및 중간예납 추계액 신고
12월	10일 : 15일 : 30일 :	차년도 1기 부가가치세 주사업장 총괄납부신청 및 포기신고 차년도 1기 부가가치세 사업자 단위 과세사업자 등록 종합부동산세 고지 분 납부 또는 신고·납부 소규모사업자 원천세 반기별 납부 승인신청

- 표기한 일자는 기한 마지막 날임.
- 기한 마지막 날이 공휴일이면 공휴일이 끝난 다음 날이 기한이 됨.
- 법인은 결산 월에 따라 법인세 신고기한이 달라짐.

또한 일정 중 개인사업자가 반드시 숙지해야 할 세무 업무는 다음 세 가지다.

1. 매월 10일까지 신고·납부하는 원천세(인건비)
2. 매 반기(1월, 7월) 25일까지 신고·납부하는 부가가치세(4월, 10월은 예정고지)
3. 매년 5월까지 신고·납부하는 종합소득세

적어도 위 세 가지 세금에 대해서는 사업장 운영을 하면서 꼭 숙지해야 한다.

사업의 시작은
사업자등록부터!

독립적으로 재화 또는 용역을 공급하기 위해서는 사업자등록이 필요하다. 사업자는 사업 개시일부터 20일 이내에 사업장 관할 세무서장에게 사업자등록을 신청하여야 하며, 신규로 사업을 시작하려는 사람은 사업 개시일 이전이라도 사업자등록을 신청할 수 있다.

가끔 "저는 큰 돈을 버는 것도 아니고 가끔 부업으로 하는데요?"라면서 사업자등록을 하지 않아도 된다고 생각하는 분들이 계신다. 주로 오픈마켓에서 개인 회원 자격으로 판매하거나 SNS에서 상품 및 중고 물품 거래 등을 통해 수익을 창출하는 사업자가 이러한 생각을 하시는 것 같다.

결론부터 말하자면 이런 분들도 사업자등록을 반드시 해야 한다. 만약 상품을 구입하는 소비자가 현금영수증 발급을 요청하였는데, 사업자등록이 없어서 발급받지 못했다면 탈세로 분류될 수 있다. 실제로 인플루언서가 공동구매를 진행하고, 이에 대한 매출 신고를 하지 않아 국세청에서 세무조사에 나선 사례는 꾸준히 발생하고 있다.

만약 사업자등록을 하지 않고 물건을 판매한 뒤 적발되면 엄격한 세무조사를 통해 그동안 발생한 모든 매출에 대해서 부가가치세 및 종합소득세에 다음과 같은 가산세가 추가로 발생하게 된다. 그러므로 사업자등록을 하지 않고 사업을 한다는 것은 처음부터 생각하지 않는 것이 좋다.

1. 사업자 미등록가산세: 사업 개시일부터 등록 신청한 날의 직전일까지 공급가액 합계의 1%
2. 무신고가산세: 신고세액의 20% (부가가치세와 종합소득세)
3. 납부지연가산세: 법정납부기한의 다음 날부터 실제 납부일까지의 기간 × 0.022%(1일 기준)

사업자등록을 하기 전에 본인의 업종 유형에 대해서 먼저 파악해야 한다. 업종은 크게 영업허가 등이 필요 없는 자유업종과 영업신고, 등록 또는 허가를 필요로 하는 비자유업종으로 나눌 수 있다. 본인의 업종이 비자유업종이라면 업종에 따라 영업신고, 등록 또는 허가를 완료한 후 관할 세무서 또는 홈텍스에서 사업자등록이 가능하다.

자유업종은 대부분 완제품을 판매하는 소매점이 해당된다. 대표적으로 의류점, 화장품점, 잡화점, 휴대폰 판매점, 문구점, 서점, 일반사무실 등이 있다.

영업신고는 일정한 요건을 갖추어 해당 시·군·구청에 제출 시 개별법에 따라 서류에 이상이 없는 경우 즉시 발급되는데 음식점의 경우 「식품위생법」에 근거하여 위생교육 이수증이 필요하다. 그 외 보건증, 신분증, 임대차계약서 등의 서류를 구비하고 해당 상가의 정화조 등의 설비, 구조상의 문제가 없다면 구청에서는 영업신고증을 발급해 준다. 대표적으로 일반음식점, 휴게음식점, 제과점, 정육점, 세탁업, 만화방, 숙박시설 등이 있다.

영업등록은 영업에 관련된 일정한 사실이 기재된 등록 신청서를 해당 시·군·구청에 제출하여 등록하는 것이다. 자격요건을 갖추면 등록증을 발급받을 수 있으며, 관할 세무서에 영업등록증을 포함한 서류를 제출하면 사업자등록이 가능하다. 약국, 병·의원, 안경점, 세무사사무실 등 자격증이나 면허가 있어야 하는 업종이고, 학원, 독서실, 노래방, PC방, 출판사 등은 영업장소에 등록증이 발급된다.

영업허가는 영업 시 공공의 안전·질서·공익을 해칠 우려가 있는 업종으로 일반적으로 금지되어 있는 행위를 특정인에 대해 해제하는 성격의 행정처분이다. 따라서 일정 요건을 갖추어 신청해도 허가 여부가 다소 까다롭다. 대표적으로 단란주점, 유흥주점, 유료직업소개소 등이 있다.

요즘에는 투잡 등 부업을 하는 직장인들이 많다. 회사에 다니고 있다고 하더라도 사업체를 운영한다면 반드시 사업자등록을 해야 한다.

온라인 쇼핑몰이나 프리랜서 등 사업장이 따로 필요하지 않은 경우 본인이 거주하는 집으로 사업자등록을 신청할 수 있다.

직장인이라면 세금 업무에 대해서도 고려해 봐야 한다. 근로소득은 원천징수 의무자인 사업자(회사)가 연말정산까지 모든 세금 관련 업무를 처리해 주지만 사업소득은 본인이 직접, 혹은 세무대리인을 통해 근로소득과 합산신고해야 한다. 또 회사의 취업 규칙에 경업 또는 겸업 금지 사항이 있을 경우 불이익을 받을 수 있으므로 미리 확인해야 한다.

요즘은 스마트스토어 등 인터넷 전자상거래가 일상화되었기 때문에 사업자등록 이후에는 바로 통신판매업 신고까지 마무리 짓는 것이 좋다. 직전년도 동안 통신판매의 거래 횟수가 50회 미만인 경우와 「부가가치세법」상 간이과세자인 경우에는 통신판매업 신고를 하지 않을 수 있지만, 추후 매출이 증가하면 다시 등록해야 하는 번거로움이 있을 수 있으니 사업자등록 후 바로 신고하는 것이 좋다.

통신판매업 신고는 정부24 사이트 또는 시·군·구청에 방문하여 간단한 신고서만 작성하면 된다. 인터넷 도메인이 없는 스마트스토어의 경우에는 오픈마켓의 이름을 입력하고, 선지급식 통신판매의 경우에는 '구매안전서비스 이용 확인증'을 제출하여야 한다. 더불어 추후 등록사항이 변경되거나 휴업, 폐업, 영업 재개할 경우 이를 특정기한 내에 신고하지 않으면 과태료가 나올 수 있으므로 항상 유념해야 한다.

사업자등록증이 발급되면 바로 해야 할 일이 있다. 사업자등록증 발급 이전에 사업 준비를 하며 지출한 비용에 대한 세금계산서를 각

매입처에 발급받는 것이다. 사업자등록증 사본에는 꼭 전자세금계산서를 발급받을 본인의 이메일과 연락 가능한 전화번호를 적은 후 전달하자.

지출한 경비에 대한 기록도 제때 하는 것이 좋다. 일정 시기가 지나면 지출한 비용에 대한 적격증빙들을 잊어버려서 놓치는 경우가 많기 때문이다. 또한 휴대폰, 전화, 전기 요금, 상가 임차료 등 사업과 관련된 모든 고정 지출처에 사업자등록번호를 등록하여 매입세액공제 및 필요경비를 인정받도록 하자.

사업자 명의 대여 시 제재

실제 사업을 하는 사업자는 본인의 이름으로 사업자등록을 해야 한다. 사업과 관련된 세금이 명의를 빌려준 사람에게 나오기 때문이다. 명의를 빌린 사업자가 세금을 내지 않으면 명의를 빌려준 사람들은 본인이 세금을 납부해야 하며, 만약 다른 소득이 있을 경우 소득이 합산되어 세금 부담이 크게 늘어날 수도 있다.

만약 장기간 세금을 내지 못하면 명의를 빌려준 사업자의 재산이 압류·공매되고 신용불량자가 되는 등 큰 피해를 볼 수 있다. 체납사실이 금융기관에 통보되어 대출금 조기상환 요구 및 신용카드 사용정지 등 금융거래상 각종 불이익을 받고, 여권 발급과 출국이 제한될 수도 있다.

이는 실질사업자가 밝혀지더라도 명의를 빌려준 책임을 피할 수 없다는 것을 의미한다. 명의 대여 사실이 밝혀질 경우, 대여자는 1년 이하의 징역이나 1천만 원 이하의 벌금, 명의를 사용한 자는 2년 이하의 징역이나 2천만 원 이하의 벌금에 처한다. 또한 명의 대여 사실이 국세청 전산망에 기록·관리되어 본인이 실제 사업을 하려 할 때 불이익을 받을 수 있다.

가족이라고 해도 예외가 될 수 없다. 실제로 신용불량자인 부부가 자녀 명의로 사업자를 등록했다가 자녀까지 신용불량자가 된 사례가 있으므로 명의 대여는 절대로 시도하지 말자.

면세사업자가 무조건 유리할까?

간혹 세금을 면제받으니 유리하다고 생각하여 무작정 면세사업자로 사업자등록을 하려는 사업자가 있다. 먼저 알아둘 점은 여기서 '면세'란 간접세인 부가가치세만 해당하므로 직접세인 종합소득세까지 면제되는 것은 아니며, 「부가가치세법」에 명시되어 있는 업종만 가능하다는 점이다.

면세사업 업종은 다음 표를 통해 확인할 수 있다. 그 외 부가가치의 면세와 과세에 대해서는 뒤에서 자세히 알아보자.

본인의 업종이 일반과세자라면, 일반과세자와 간이과세자 중 어떤 사업자 형태로 사업자등록을 해야 할지 고민하게 된다.

간이과세자는 「부가가치세법」상 의무 및 납부가 일반과세자에 비

면세사업자 가능 업종	
기초 생활필수품 재화	정육점 등 미가공식료품, 연탄과 무연탄, 주택임대용역
국민후생용역	병원 등 의료보건용역, 학원 등 교육용역, 여객운송용역, 국민주택 공급과 건설용역
문화 관련 재화용역	도서, 신문, 잡지, 방송
부가가치 구성 요소	토지 공급, 인적용역, 금융 및 보험용역
기타	공중전화, 복권 등

해 간단하고, 납부세액도 아주 적은 사업자를 말한다. 이는 신규사업자 또는 2024년 7월 1일부터 개정된 세법에 따라 공급대가 1억 4백만 원 이하의 사업자만 가능하다. 대부분 최종 소비자를 상대하는 전자상거래, 커피숍, 음식점, 미용실, 소매점 등이 이에 해당한다.

추후 공급대가가 1억 4백만 원을 넘게 되면 간이과세자를 더 이상 못하게 될 수 있고, 사업 초기 비용이 많이 지출되었다면 환급을 받을 수 있는 일반과세자가 유리할 수도 있다.

 **하나의 사무실에 여러 사업자등록을 낼 수 있나요?**

일정한 요건을 충족하면 가능하다. 최근 1인 사업장을 위한 사업자등록 주소 제공 및 일정 면적의 공간을 대여하는 형태가 이에 해당한다.

이를 위해서는 우선 임차인에게 전대차가 가능하다는 전대차 동의서를 건물주인 임대인에게 허락받아야 한다. 그러므로 임대차계약 전 임차할 사업장에서 여러 개의 사업자등록이 가능한지 여부를 꼭 건물주 또는 부동산중개업자를 통해 확인하여야 한다.

그 후 전대인과 전차인 간의 전대차계약서를 작성하여 전차인이 사업자등록을 신청하게 되면 관할 세무서에서는 임차공간에서의 업무공간 분리 여부 등을 실제로 확인하기 위해 현장 방문을 할 수도 있다. 그 이후 전대인은 전대소득에 대해서 세금계산서 발급 등 부동산 전대업에 해당하는 세금 업무도 꼭 이행해야 한다.

사업용 계좌와 사업용 카드 등록

사업과 관련하여 거래대금을 금융회사 등을 통하여 결제하거나 결제받는 때, 인건비 및 임차료를 지급하거나 지급받는 일처럼 재화 또는 용역을 공급받거나 공급하는 거래에는 의무적으로 사업용 계좌를 사용하여야 한다.

초보 사업자가 혼동하지 말아야 할 점은 사업장을 위해서만 활용한다고 해당 계좌가 자동으로 사업용 계좌로 인정되지 않는다는 것이다. 반드시 국세청에 신고하여야만 사업용 계좌로 인정받을 수 있다.

사업용 계좌로 개인적인 거래도 할 수 있으므로 인출된 금액에 대해서는 특별한 문제가 없다. 그러나 사업용 거래와 개인 금융 거래를 구분해 사용하도록 입안된 제도이므로, 가능하면 사업용 계좌는 사업용 거래에만 사용하는 것이 바람직하다.

거래대금을 사업용 계좌가 아닌 다른 계좌로 입금받으면 가산세 부과 대상이 되며, 매입비용, 인건비, 임차료, 4대 보험, 사업과 관련된 전기, 수도, 통신요금 등과 같은 사업자의 경비를 지급할 때는 반드시 사업용 계좌에서 상대방의 계좌로 입금해야 한다.

사업용 계좌는 세금계산서에 의한 실물거래 시 금융거래도 함께 이루어지도록 하는 제도이므로, 사업용 계좌에서 인출해 현금으로 지급하거나 일반 계좌로 거래하면 가산세 부과 대상이 된다. 예외적으로 인건비를 지급하거나 지급받는 거래 중 상대방의 사정으로 사업용 계좌를 사용하기 어려운 경우(연체자, 외국인 불법 체류자, 건설 일용직 등)는 가산세를 부과하지 않는다.

만일 복식부기 의무자가 사업용 계좌를 사용하지 않으면, 다음의 가산세가 발생하게 된다. 이는 산출세액이 없는 경우에도 해당되니 주의하여야 한다.

1. 사업 관련 거래로서 사업용 계좌를 사용하지 아니한 때 : 사업용 계좌를 사용하지 아니한 금액의 0.2%
2. 복식부기 의무자에 해당하는 과세기간의 개시일부터 6개월 이내에 신고하지 아니한 때 : 다음 ㉮와 ㉯의 금액 중 큰 금액
   ㉮ 신고하지 아니한 기간의 총수입금액의 0.2%
   ㉯ 사업용 계좌 사용 대상 거래 중 미사용 거래금액의 0.2%

마지막으로 사업용 계좌를 사용하지 않으면 다양한 세액 감면을 적

용받을 수 없으니, 사업용 계좌는 꼭 등록하도록 하자.

사업용 카드는 사업용으로 활용하게 되는 신용카드로, 국세청에서 지출내역을 집계하여 경비 처리의 정당성을 입증하는 데 쉬우므로 개업 시 바로 사업용 계좌와 함께 사업용 신용카드를 국세청 홈텍스 사이트에 등록하자. 사용 실적이 국세청에 전산 보관되기 때문에 굳이 신용카드영수증 전표를 모으지 않아도 되고, 부가가치세 신고 시 '신용카드매출전표 등 수취명세서'에 등록한 신용카드로 매입한 합계금액만 기재하면 매입세액공제를 받을 수 있다. 물론 일반 신용카드도 사업용으로 경비 지출 시 인정받을 수 있지만, 국세청에서 일괄조회가 되지 않아 일일이 신청을 하여야 하는 번거로움이 있다.

사업용 신용카드는 본인 명의만 등록 가능하며, 최대 50장까지 등록할 수 있다. 공동사업자의 경우 대표 공동사업자의 명의 카드만 등록 가능하며, 미등록된 공동사업자의 카드 관련 결제내역은 카드매출전표 또는 카드사로부터 내역을 일괄 수령하여 신고할 수 있다.

사업용 계좌 및
사업용 카드 관리법

사업장을 운영하면서 사업용 계좌와 사업용 카드를 한 개만 쓸 필요는 없다. 본인 사업장의 상황에 맞게 미리 사업용 계좌와 사업용 카드 사용 목적을 정해둔다면 추후 자금 흐름을 파악하기도 편하고 자동이체 등의 문제에서도 번거로움을 덜 수 있다.

예를 들어 고정적인 매출이 집계되는 계좌는 고정적인 지출 비용에 대한 자동이체를 연결하고, 상시 매출을 받는 계좌는 상시 지출에 대한 사업용 카드 또는 직원의 복리후생 목적의 지급 카드를 연결하는 식이다. 이렇게 정기적인 매출 및 매입과 비정기적인 매출 및 매입을 나누어 사용한다면 자금 흐름을 파악하는 데 아주 용이하다.

추가적으로 사업용 계좌와 사업용 카드는 회계 총괄 담당자만이 접근할 수 있게 해 담당자와 사업자의 결재 없이는 송금 및 지출을 불가능하게 하는 것이 좋으며, 사업장의 일상적인 소모품과 직원의 식사·간식 비용 지출을 위해 직원에게 지급하는 사업용 카드는 일일 사용한도를 설정하고 연결된 계좌 역시 일일 사용금액을 제한하는 것이 좋다.

지출관리의 기초지식

사업장에서 지출을 관리하는 것만큼 중요한 일은 없을 것이다. 그렇다면 어떠한 형태의 증빙을 수령해야 경비로 인정받는 데 문제가 없을까? 경비로 인정받기 위해서는 다음 네 가지 형태의 적격증빙을 수취해야 한다.

1. 세금계산서
2. 계산서

3. 신용카드 매출전표
4. 현금영수증

세금계산서는 사업자가 물품 판매 또는 용역 제공 시 부가가치세 10%를 징수하고 이를 증명하기 위하여 공급받는 자에게 발급해 주는 것을 말하며, 계산서는 부가가치세가 면제되는 면세물품을 공급할 때 발급하는 것으로 계산서에는 부가가치세가 적혀 있지 않다.

사업자등록증이 나오기 전이라면 세금계산서 수취 시 본인의 주민등록번호를 기재해서 발급받으면 되고, 인테리어 설치 등 큰 금액의 거래라면 꼭 거래 내용을 확인할 수 있는 계약서 등을 추가로 갖추는 것이 좋다. 실무에서는 환급금액이 크면 그와 관련된 계약서를 꼭 요구하기 때문이다.

국세청장이 정하는 방법인 전자기록의 보전방법에 따라 전산조직을 이용하여 장부 및 증빙서류를 생산한 경우와 신용카드 사업자로부터 거래정보를 전송받아 보관하는 경우에는 실물을 5년간 의무 보관하지 않아도 괜찮다.

적격증빙을 수취하지 않으면 세법상 어떤 제재가 있을까? 다음의 요건을 모두 충족하면서 적격증빙이 아닌 형태의 증빙인 간이영수증 등으로 수취하였을 경우에는 사실과 다르게 받은 금액의 2%가 가산세로 부과된다.

1. 사업자와의 거래일 것

2. 재화나 용역을 공급받고 그 공급대가를 지출할 것

3. 공급대가가 3만 원 초과의 거래일 것

* 예외: 거래 상대방이 읍·면 지역에 소재하는 사업자로서 신용카드 가맹점이 아닌 경우, 금융·보험용역을 제공받은 경우, 비거주자 또는 외국 법인, 국가·지방자치단체·비영리법인, 농어민으로부터 재화 또는 용역을 직접 공급받는 경우

현금영수증 발급 안 하면 탈세?

최종소비자를 대하는 사업장이라면 개업 이후 직원에게 현금영수증 발급 교육은 필수다. 최근에는 고객 대부분이 신용카드로 결제하기 때문에 현금 수령은 많지 않지만, 고의로 현금 지불을 한 후 현금영수증 미발급 시 이를 빌미로 탈세 제보하여 포상금을 노리는 세파라치도 많으니 현금영수증 발급은 항상 필수라고 생각하자. 내 고객 중 한 분은 현금영수증 탈세 제보로 인해 세무조사에 시달린 뒤 아예 현금 매출을 받지 않고 있다.

현금영수증가맹점으로 가입한 사업장은 현금영수증가맹점을 나타내는 표지를 게시하여야 하며, 사업과 관련하여 재화 또는 용역을 공급하고 그 상대방이 대금을 현금으로 지급한 후 현금영수증의 발급을 요청하는 경우에는 그 발급을 거부하거나 사실과 다르게 발급해서는 안 된다. 고객이 요청하지 않은 경우에도 국세청 전화번호인 '010-000-1234'로 의무 발급하여야 한다.

현금영수증 발급 의무 대상 거래금액은 현금으로 받은 금액에 한해서다. 거래대금을 나누어 현금으로 받을 때는 받을 때마다 각각 발급하며, 다만 사업자등록을 한 자에게 재화 또는 용역을 공급하고 계산서 또는 세금계산서를 발급한 경우에는 중복으로 인식될 수 있으므로 현금영수증을 발급하지 않아도 된다.

현금영수증을 발급해야 하는 이유의 핵심은 바로 '가산세' 때문이다. 현금영수증가맹점으로 가입하지 아니하거나 기한이 지나서 가입한 경우에는 다음의 가산세가 부과된다.

해당 과세기간의 수입금액 × 미가입기간 / 365 × 1%

만일 현금 매출을 누락하였다고 한다면 현금 매출에 따른 소득세와 가산세가 추징되며, 추가로 현금영수증 관련 가산세가 추징되는데 현금영수증 관련 가산세는 최대 20%로 아주 무거운 편이다.

1. 현금영수증 발급 거부 및 과소발급 가산세

현금영수증 거부가산세 = 건별 발급거부금액(건별로 사실과 다르게 발급한 금액) × 5%

- 건별로 계산한 금액이 5천 원에 미달하는 경우는 5천 원으로 갈음함.
- 발급대상 금액이 건당 5천 원 미만이면 적용 제외

2. 건당 거래금액 10만 원 이상 현금영수증 미발급 가산세

현금영수증 발급의무 위반가산세 = 발급의무 위반금액(건별) × 20%(10%)

- 착오나 누락으로 인해 거래대금을 받은 날부터 10일 이내 관할 세무서에 자진신고하거나 현금영수증을 자진 발급하는 경우는 10%
- 산출세액이 없는 경우에도 가산세가 부과됨.
- 현금영수증발급의무위반 적용 제외 항목
  1. 「국민건강보험법」에 따른 보험급여
  2. 「의료급여법」에 따른 의료급여
  3. 「긴급복지지원법」에 따른 의료지원비
  4. 「응급의료에 관한 법률」에 따른 대지급금
  5. 「자동차손해배상 보장법」에 따른 보험금 및 공제금

현금영수증 가산세는 종합소득 산출세액이 없는 경우에도 적용받기 때문에 소비자가 요청하지 않더라도 꼭 자진 발급하는 것을 권한다. 몇십만 원 매출을 속이려다 매출 누락에 대한 부가가치세, 종합소

득세, 신고불성실가산세, 납부지연가산세는 물론이고 현금영수증 미발급가산세까지 부담하게 될 수 있기 때문이다.

인테리어 취득부터
처분까지

　사업장을 마련하고 임대차 계약까지 마쳤다면 업종의 특성에 맞게 시설을 구비해야 한다. 사업장의 인테리어는 견적서 및 계약서 작성, 인테리어 비용 지급 및 세금계산서 발급 순으로 진행한다. 간혹 인테리어 업체 측에서 세금계산서 발급 없이 총 비용을 할인해 주겠다는 조건으로 제안을 하는 경우가 있다.

　그러나 적격증빙을 받지 않았을 경우 과세사업자는 부가가치세 10%를 환급받을 수 없고 나아가 인테리어 전체 비용에 대한 경비 인정이 곤란해진다. 물론 인테리어 업체가 세금계산서를 발급하지 않더라도 계약서, 거래명세서 등 거래 증빙을 확보하고 계좌이체 내역을 명확히 입증하면 경비는 인정받을 수 있지만 세무서에 소명을 해야 한다.

이때 세금계산서인 적격증빙을 받지 않았으므로, 비용을 인정받더라도 거래금액이 3만 원을 초과하는 경우 거래금액의 2%에 해당하는 증빙불비 가산세는 별도로 납부하여야 한다.

나아가 계좌이체 내역을 통해 인정받은 경비는 인테리어 업체 측의 매출이 되므로 업체 측에 세무조사가 발생하게 된다. 이때 사업장과 인테리어 업체 측이 작성한 계약 사항에 따라 추징세금에 대한 책임 소재를 밝히기 위해 민사 다툼이 발생할 수도 있다.

인테리어 교체 및 폐기

사업장에서 인테리어는 유형자산 계상 및 감가상각을 통해 경비 처리가 가능하다. 많은 사업자가 혼동하는 것이 실질적인 지출이 전부 그 과세연도에 '비용'으로 인정된다고 생각하는 점이다.

인테리어 가액의 10%에 해당하는 부가가치세는 공제 또는 환급이 될 수 있지만, 종합소득세 계산 시 인테리어 등 재화의 생산, 용역의 제공, 타인에 대한 임대 또는 자체적으로 사용할 목적으로 보유하는 물리적 형체가 있는 '유형자산'의 지출은 수년에 걸쳐서 '비용'으로 인정받게 된다. 그러므로 실질적인 현금 지출액과 세금 계산에서의 지출액이 다르다고 하여 경비 처리가 잘못된 것이 아니라 추후 '자산'이 '비용'으로 매년 나누어서 적용된다고 인식해야 한다. 이후 추가 공사를 한다면 이에 대한 자산을 새로 계상하고 감가상각도 별도로 적용하는 것이 좋다. 사업장을 이전하면서 기존 인테리어를 폐기하는 경우 회계상 계상해 두었던 인테리어의 상각되지 않은 잔액에 대해서는 전액 비용 인정이 가능하다.

가장 피해야 하는 가산세

세금에서 가장 중요한 사항은 기한을 지키는 것이다. 기한을 지키지 않았을 때 발생하는 가산세를 허투루 봤다가는 원래 세액의 100%가 넘는 가산세를 추징당하는 경우도 있다.

가산세란 세법에서 규정하는 의무의 성실한 이행을 확보하기 위하여 세법에 따라 산출한 세액에 가산하여 징수하는 금액을 의미한다. 이러한 가산세는 납부할 세액에 가산하거나 환급받을 세액에서 공제한다. 재산세와 같은 보통징수 세목을 기한 내 납부하지 않으면 가산세가 아닌 가산금을 추가로 납부하게 된다.

한 가지 팁을 주자면 신고 및 납부기한에 임박했다면 가늠치보다 조금 더 많은 세액이 발생하도록 신고·납부하라는 것이다. 이렇게 하면 우선 신고에 대한 가산세를 피할 수 있고, 추후 경정청구를 통해서 납부세액을 돌려받게 되면 가산세도 피할 수 있기 때문이다.

세무사로서 한 가지 당부하고 싶은 게 있다. 신고기한 마지막 날에 의뢰해서 빨리 신고해 달라고 재촉하는 분들이 많은데 아무리 뛰어난 세무사라도 하루 만에 신고서를 작성하는 것은 불가능하다. 따라서 세금은 미리미리 준비하도록 하자.

무신고 가산세

기한 내 신고를 하지 않는 것은 최악의 세법 업무 실수이다. 어떠한 일이 있더라도 기한 내 신고를 못 하는 일은 없어야 한다. 만일 기한 내 신고를 못 한 경우에는 다음의 가산세가 추징된다.

무신고 가산세액

구분	부정행위*가 있는 경우	부정행위가 없는 경우
법인세·소득세 (복식부기 의무자)	가산세액 = ①과 ② 중 큰 금액 ① 무신고납부세액 × 40% ② 수입금액 × 14/10,000	가산세액 = ①과 ② 중 큰 금액 ① 무신고납부세액 × 20% ② 수입금액 × 7/10,000
부가가치세	가산세액 = 무신고납부세액 × 40%	가산세액 = 무신고납부세액 × 20%
	면세사업장 현황신고 가산세 : 의료업, 수의업 및 약사업 사업자가 수입금액을 무신고 또는 과소 신고한 경우에는 무신고·과소신고 수입금액의 0.5%	
그 밖의 국세	가산세액 = 무신고납부세액 × 40%	가산세액 = 무신고납부세액 × 20%

* '부정행위'라 함은 이중장부의 작성, 장부 거짓 기장, 거짓 증빙, 재산의 은닉·은폐 등의 행위로서 조세의 부과와 징수를 불가능하게 하거나 현저히 곤란하게 하는 적극적 행위 등을 말함.

기한 내 신고는 했지만 금액을 적게 신고한 경우에도 가산세가 부과된다. 무신고보다 가산세가 낮기 때문에 신고기한이 임박했다면 우선 완벽하지 않은 신고서라도 제출해 가산세액을 낮추는 전략도 필요하다.

과소신고·초과환급 신고 가산세

구분	가산세액

법인세·
소득세
(복식부기
의무자)
	가산세액 = ① + ②
	① ㉠과 ㉡ 중 큰 금액
	   ㉠ 부정행위로 인한 과소신고납부세액 × 40%
	   ㉡ 부정행위로 인하여 과소신고된 과세표준 관련 수입금액 × 0.14%
	② (과소신고납부세액 등 − 부정행위로 인한 과소신고 납부세액 등) × 10%

부가가치세	가산세액 = ① + ② ① 부정 과소신고분 : 부정행위로 인한 과소신고납부세액 × 40% ② 일반 과소신고분 : (과소신고납부세액 − 부정행위로 인한 과소신고 납부세액) × 10%
그 밖의 국세	가산세액 = ① + ② ① 부정행위로 인한 과소신고납부세액 × 40% ② (과소신고납부세액 등 − 부정행위로 인한 과소신고 납부세액 등) × 10%

신고불성실 가산세의 감면

법정신고기한이 지난 후 신고하거나 수정신고를 하는 경우 조속한 자기 시정을 유도하고 납세자 부담을 경감시키기 위해 신고불성실 가산세를 감면한다.

1. 무신고에 따른 기한 후 신고 시 가산세 감면

법정신고기한이 지난 후	감면율
1개월 이내	50%
1개월 초과 3개월 이내	30%
3개월 초과 6개월 이내	20%

2. 과소신고에 따른 수정신고 시 가산세 감면

법정신고기한이 지난 후	감면율
1개월 이내	90%
1개월 초과 3개월 이내	75%
3개월 초과 6개월 이내	50%
6개월 초과 1년 이내	30%
1년 초과 1년 6개월 이내	20%
1년 6개월 초과 2년 이내	10%

신고기한 내 신고로 모든 세금업무가 마무리된 것이 아니다. 신고서 상에 납부하여야 할 금액을 기한 내에 하지 않는다면 당연히 가산세가 발생한다.

납부지연·환급 불성실 가산세

구분	납부지연·환급불성실 가산세
납부지연 가산세	미납부세액(이자 상당 가산액 포함) × 미납부일수 × 0.022%
환급불성실 가산세	초과환급세액(이자 상당 가산액 포함) × 미납부일수 × 0.022%

매월 진행하는 원천징수세액의 납부를 늦게 한다면 3%부터 시작하여 최대 10%까지 가산세가 부과될 수 있다. 매월 진행하는 업무인 만큼 절대 놓치지 않도록 하여야 한다.

이 밖에도 부가가치세와 종합소득세에는 수십 가지의 가산세들이 존재한다. 가산세가 발생하는 대부분의 이유는 미등록, 미작성, 미수취, 미발급, 미제출, 기한경과, 의무불이행 등에 해당하는 세법의 위반사항에 대한 조치다. 항상 세법을 준수하고, 올바른 처리가 맞는지 다시 한번 확인해 보는 습관이 필요하다.

폐업 직전
꼭 챙겨야 할 업무

 폐업은 어느 이유에서건 가슴 쓰린 일이다. 하지만 재기를 위한 발판이 될 수도 있으니 항상 마음을 다잡는 것이 좋다. 폐업을 한다는 건 단순히 사업자등록만 정리하는 것이 아니다. 남아 있는 절차를 제대로 정리해야 뒤탈이 없다.

 사업자가 폐업하는 경우에 자기생산·취득재화 중 남아 있는 재화는 자기에게 공급하는 것으로 보게 된다. 여기서 자기생산·취득재화란 매입세액이 공제된 재화를 말한다.
 폐업 시 남아 있는 재화에 대하여 재화의 공급으로 의제하는 이유는 개인적 공급 및 사업상 증여의 경우와 마찬가지로 그 남아 있는 재화를 다른 사업자로부터 구입하여 사용하거나 소비하는 경우와 동일한 부가가치세 부담을 지도록 하기 위한 것이다.

그러나 매입세액이 공제되지 아니한 남아 있는 재화를 다시 과세하는 것은 과세불형평 및 중복과세의 소지가 있고, 개인적 공급과 사업상 증여의 경우에도 재화의 공급으로 보지 않는 것과 형평을 유지할 필요성이 있어 폐업 시 잔존재화로서 매입세액이 불공제되는 재화에 대하여는 과세되는 재화의 공급으로 보지 않는다.

폐업에 따른 부가가치세 신고 및 납부기한은 폐업일이 속하는 달의 다음 달 25일까지다. 면세사업자의 경우는 그다음 해 2월 10일까지 면세사업장현황신고를 하면 된다. 이 외에 폐업 전까지 발생한 사업소득은 본인의 다른 소득과 합쳐서 그다음 해 5월에 종합소득세 신고를 해야 한다.

4대 보험 상실신고와 사업장 소멸신고

사업장 자체를 폐업신고하면 4대 보험 업무도 자동적으로 소멸된다고 알고 있는 사업자가 많다. 그러나 근로자가 있다면 4대 보험 상실신고와 사업장 소멸신고도 폐업시점에 직접 처리하여야 한다.

먼저 고용된 근로자가 있다면 4대 보험 상실신고부터 해야 한다. 폐업으로 인한 상실신고 시 꼭 상실사유에 '폐업으로 인한 상실신고' 코드를 구분하여 기재하여야 한다. 폐업으로 인한 상실은 실업급여의 조건에 부합하기 때문에 상실코드와 사유 기재가 중요하다. 4대 보험 상실신고와 더불어 보수총액 신고도 소멸일로부터 14일 이내에 해야 한다. 일반 근로자를 포함하여 법인 대표자는 건강보험 상실신고를 하면 바로 건강보험 퇴직정산보험료가 계산되어 나온다.

하지만 개인 대표자의 경우는 종합소득세 신고를 해야 하기 때문에 건강보험료 보수총액을 어떻게 책정해야 할지 난감할 수 있다. 개인사업장의 경우는 먼저 사업장 탈퇴신고와 함께 건강보험, 국민연금 상실신고서를 같이 접수한다. 건강보험공단에서는 개인 대표자의 경우 어떠한 보수총액을 입력하여 신고하더라도 정산액이 0이 되게끔 금액을 조정해 준다. 따라서 일반 근로자들과 같이 바로 정산보험료가 산출되지 않고, 다음 해 종합소득세 신고를 한 후 정산된다.

개인사업자는 급여가 매달 일정하지 않기 때문에 공단에 신고되어 있는 보수월액에 해당연도 근무월수를 곱하여 보수총액을 신고하면 된다. 건강보험공단에서 사업장의 폐업사실과 함께 개인 대표자의 보수총액이 확인되면, 사업장은 소멸되었을지라도 사업장 사용자로 건강보험 정산분 고지서가 발송된다.

이렇게 근로자의 4대 보험 상실신고가 끝났다면, 국세청 폐업신고와 같이 각 공단에도 '사업장' 소멸신고를 함으로써 폐업 관련 4대 보험 업무를 마무리할 수 있다.

폐업자를 위한 지원사업

1. 국세청의 세금 멘토링 서비스

폐업자를 위한 국세청 멘토링 서비스는 경제적인 사정으로 세무대리인을 선임하지 못하는 영세납세자에게 도움을 주고자 하는 제도다. 폐업자 멘토링 서비스는 폐업 후 세금신고, 폐업신고 시 유의사항, 사업자가 반드시 알아두어야 하는 세금제도 등에 대해서 종합소득세 확정 신고 또는 법인세 정기신고 시까지 1:1 맞춤형 세무자문 서비스를 제공하고 있다. 부동산임대업, 성인오락실, 고소득 전문직종 등 일부 업종과 조세범칙 위반자 등은 지원 대상에서 제외된다.

2. 고용노동부 & 소상공인시장진흥공단의 희망리턴패키지

폐업을 고민 중이거나 이미 폐업한 소상공인이라면 눈여겨볼 만한 정부 정책이 있다. 고용노동부와 소상공인시장진흥공단이 지원하는 '희망리턴패키지'다. 희망리턴패키지란 폐업 소상공인의 재기를 돕는 지원사업으로 폐업 후 취업을 희망하는 소상공인에게 폐업에서 취업에 이르기까지의 과정을 단계별로 지원한다. 폐업 시 발생하는 비용 지원과 법률자문을 받을 수 있는 것이 큰 장점이다.

4장

초보 사장에게 필요한 노동법

모든 회사에 적용되는 4대 보험

 노동법 하면 떠오르는 장면은 무엇인가? 잊을 만하면 파업하는 지하철과 시내버스, 몇 년치 연봉을 받고 희망퇴직하는 대기업, 남성의 육아휴직제 확대 제도 등 노동 관련 이슈와 정책들일 것이다. 하지만 아쉽게도 여러분이 뉴스에서 본 '노동'은 사업과는 별 관련이 없다. 초보 사장에게 필요한 것은 파업과 관련된 '노동조합 및 노동관계조정법'이나 최대 3년까지 확대된 육아휴직기간이 아니다. 개업 후 폐업까지 3년을 버틸 수 있을지 없을지 모르는 상황에서 위와 같은 이야기는 그림의 떡에 가깝다.
 사업 초창기에는 직원이 없거나 있어도 소수인 경우가 많다. 가족이나 친지들의 도움을 받기도 한다. 직원이 없으면 노동법을 적용받을 일이 없고, 직원이 적으면 일부의 노동법을 적용받는다. 가족이나 친지가 직원이라면 극히 일부의 노동법만 적용된다. 뉴스에서 본 노동법이 우리 사업장에는 적용되지 않는 것이다. 그렇다면 우리 사업장에 적용되는 '일부의 노동법'이란 무엇일까? 이제 막 시작하는 초보 사장님을 위한 노동법을 설명하고자 한다.

모든 회사에 적용되는 노동법은 바로 '4대 보험' 즉 사회보험이다. 사회보험은 국민연금, 건강보험 및 장기요양보험, 고용보험 그리고 산재보험을 말한다. 사회보험은 국민에게 발생하는 사회적 위험(질병, 상해, 실업, 노령 등)을 보험방식에 의해서 대처함으로써 국민의 건강과 소득을 보장하는 제도다. 그래서 원칙적으로 우리나라 '국민'이라면 국민연금과 건강보험 및 장기요양보험을 의무 가입하게 된다. 그중 고용보험과 산재보험은 노동법상 근로자에 한해서 가입할 의무를 가진다. 정리하면 직원이 아예 없거나 가족을 직원으로 두는 경우는 물론 사업을 운영하는 회사의 대표 역시 사회보험을 가입해야 한다.

사회보험은 다섯 개를 한꺼번에 부르는 말이다. 장기요양보험은 2008년에 신설된 제도인데 건강보험료에 근거하여 계산되기 때문에 여전히 4대 보험이라고 부른다(이후로 건강보험은 장기요양보험까지 포함시킨 의미임). 보험 종류가 여럿인만큼 관련된 법률 역시 많고 가입 방법 역시 복잡하다. 개업한 사업장마다 형태가 조금씩 다르므로 몇 가지로 구분해 살펴보도록 하자.

무보수 법인 대표, 직원이 없는 경우, 배우자와 함께 운영하는 경우

사회보험은 크게 모든 국민이 가입하는 보험과 모든 근로자가 가입하는 보험으로 구분할 수 있다. 모든 국민이 가입하는 보험에는 국민연금과 건강보험이, 모든 근로자가 가입하는 보험에는 고용보험과 산재보험이 해당한다. 즉 사업을 운영하는 대표는 국민연금과 건강보험에만 가입하고, 사업장에서 근무하는 근로자는 4대 보험(국민연금, 건강보험, 고용보험 및 산재보험) 전부에 가입하는 것이다.

무보수 법인의 대표, 직원이 아예 없는 경우, 배우자와 함께 사업을 하는 경우에는 '지역가입자'로서 국민연금과 건강보험만 가입하게 된다. 지역가입자는 별도의 가입 신청이 있는 것은 아니다. 따로 신청하지 않으면 자동으로 지역가입자가 된다.

회사를 다니다가 퇴사하면 지역가입자로 전환되었다는 안내문과 함께 새로운 건강보험증을 받게 된다. 가족 밑에 피부양자로 있다가 개업하는 경우라면 지역가입자로 전환되면서 국민연금과 건강보험에 가입된다. 지역가입자가 되면 매달 20일경에 국민연금공단과 건강보험공단이 보낸 보험료 고지서를 받게 된다.

1. 고용보험

사업을 운영하는 사업주는 근로기준법상 근로자가 아니라 사용자이기 때문에 원칙적으로 고용보험 가입 대상이 아니다. 자영업자 본인이 선택한 경우에 가입할 수 있으며 매달 납부하는 보험료 역시 선택 가능하다.

근로자 없이 혼자 사업을 운영하거나, 근로자를 50인 미만으로 고용하고 있는 자영업자 역시 고용보험에 가입할 수 있다. 이때 사업자등록을 하고 사업을 영위하거나, 고유번호를 부여받아 가정어린이집, 민간어린이집, 노인장기요양기관을 운영하고 있어야 한다. 단, 부동산임대업, 가구 내 고용 활동, 근로자가 5인 미만인 소규모 건설공사는 고용보험에 가입할 수 없다.

고용보험을 가입하면 받을 수 있는 혜택은 크게 실업급여, 직업능력개발훈련 등이다. 실업급여는 실직하여 재취업 활동을 하는 기간에 소정의 급여를 받을 수 있는 제도다. 실제 소득과 무관하게 본인이 선택한 등급에 따라 매월 보험료를 납부하는데 보험료가 높으면 실업급여도 높다.

고용보험은 1년 이상 가입하여야만 혜택을 받을 수 있는 만큼 미리 가입하는 것이 좋다. 고용보험을 가입할 수 있는 자영업자 중 일정 요건에 해당되는 소상공인이라면 5년 동안 보험료의 50~80%를 지원받을 수 있다.

2. 산재보험

산재보험 역시 의무 가입 대상이 아니다. 근로자를 고용하지 않은 사업주, 300인 미만의 근로자를 사용하는 사업주는 본인 의사에 따라 산재보험에 가입할 수 있다.

산재보험에 가입하면 업무상 재해를 입는 경우에 요양급여, 휴업급여, 장해급여 등을 받을 수 있다. 산재보험이 사기업보험과 가장 다른 점은 업무상 재해로 인해 근무하지 못하는 기간 동안 임금(휴업급여)을 받을 수 있다는 점이다. 자영업자의 특성상 근무하지 못하면 곧바로 매출감소 등으로 이어지는 만큼 산재보험 임의가입은 큰 도움이 된다.

가족을 직원으로 두는 경우

직원을 고용하기 시작하는 순간부터 4대 보험의 가입 및 상실 신고의 의무가 발생한다. 4대 보험은 무조건 가입해야 하며 그 가입 의무는 사업을 운영하는 회사에 있다. 4대 보험 신고를 하지 않는 경우는 물론 늦게 하는 경우의 모든 불이익과 그에 대한 책임은 회사에게 있다. 따라서 직원을 채용할 때마다, 퇴사할 때마다 매달 4대 보험 가입 및 상실 신고를 하여야 한다.

가족일지라도 직원으로 두었다면 4대 보험에 가입할 의무가 있다. 단 국민연금과 건강보험만 가입하면 된다. 국민연금의 경우 지역가입자가 아니라 '사업장가입자'로, 건강보험은 '직장가입자'로 가입해야 한다. 이때 회사를 운영하는 대표자 역시 사업장가입자 및 직장가입자로 변동 신고를 한다. 여기서 가족은 배우자, 8촌 이내 혈족, 4촌 이내 인척을 말한다.

사업장대표자와 동거하지 않는 가족 직원이 원하는 경우에는 고용보험과 산재보험의 가입이 가능하다. 자영업자 본인도 고용보험과 산재보험은 선택적으로 가입할 수 있다.

개인사업자가 아닌 법인으로 운영하는 경우에도 회사 대표는 사업장가입자 및 직장가입자가 된다. 법인 대표가 보수를 받지 않는 경우에는 국민연금, 건강보험 가입 대상에서 제외되고 자동적으로 지역가입자가 된다.

직원이 1명 이상인 경우

직원이 한 명 이상인 경우라면 4대 보험 모두를 가입해야 하는 당연사업장이 된다. 국민연금과 고용보험 및 산재보험은 입사일로부터 15일 이내에, 건강보험은 입사일로부터 14일 이내에 가입해야 한다.

직원 구성에 따른 4대 보험 가입 여부

구분	국민연금	건강보험	고용보험 및 산재보험	비고
· 무보수 법인 대표 · 직원이 없는 경우 · 배우자와 동업 중	지역가입자	지역가입자	일부 자영업자 선택가입	
가족 직원만으로 운영	사업장가입자	직장가입자	일부 자영업자 선택가입 가족직원: 선택가입	신고의무
직원 1명 이상	사업장가입자	직장가입자	일부 자영업자 선택가입 직원: 의무가입	신고의무

국민연금은 국민연금공단이, 고용보험 및 산재보험은 근로복지공단이, 건강보험은 건강보험공단이 담당하고 있다. 다행히도 4대사회보험정보연계센터(https://www.4insure.or.kr/)에서 한꺼번에 4대 보험 가입 및 상실 신고를 할 수 있다.

4대 보험 가입 안 하면 어떻게 될까?

직원이 원하지 않으면 4대 보험 가입을 하지 않아도 될까? 그렇지 않다. 4대 보험의 가입은 선택이 아닌 필수사항이다. 만약 퇴직 후 직원이 실업급여, 퇴직급여, 연차수당 등을 이유로 고용노동부에 진정을 넣는 경우 4대 보험 미가입 사실이 드러나게 된다. 직원과 회사가 동의하에 4대 보험을 가입하지 않았다고 하더라도 사업자는 절대적 '을'이 되어버린다. 3년분의 4대 보험료를 본인과 근로자분까지 사업자가 부담해야 한다. 이는 4대 보험의 원천징수 의무자가 사업자이고 이 의무를 위반한 책임이 사업자에게 있기 때문이다. 근로자분에 해당하는 4대 보험은 추후 근로자에게 청구하여 받아낼 수 있지만 현실적으로 어려운 일이다. 또한 이를 이유로 사업장 내 다른 노동문제로 확대될 수 있다.

또한 국세청과 국민건강보험공단은 소득에 관한 정보를 공유하고 국민건강보험공단은 근로복지공단과 국민연금공단에 그 정보를 공유한다. 따라서 4대 보험 신고는 하지 않으면서 세금신고 시 인건비를 경비 처리하는 것은 불가능하다.

마지막으로 고용 관련 지원금은 4대 보험 가입한 자에 대해서만 적용되기 때문에 직원의 4대 보험은 반드시 가입하도록 하자.

4대 보험료 아끼는 방법

사업주 입장에서 4대 보험료는 부담되는 게 사실이다. 사업소득세나 법인세는 벌어서 쓰고 남은 돈에 대해 과세되는 반면 4대 보험료는 직원을 채용하자마자 납부해야 되기 때문이다. 사업소득세와 법인세가 원칙적으로 1년에 한 번 납부하는 데 반해 4대 보험료는 매달 납부해야 한다. 매출액 등과 관계없이 4대 보험료의 사업주부담금은 직원 급여의 약 9% 정도(2025년 국민연금 4.5%, 건강보험료 및 장기요양보험료 4.0041%, 고용보험 1.15% 이상, 산재보험 전 사업평균요율 1.41%)이다. 직원이 많으면 많을수록, 직원의 급여가 높으면 높을수록 보험료가 커지는 데다가 4대 보험의 가입이 의무인 만큼 이를 회피하기도 어렵다. 그렇다면 사업주에게 부담되는 4대 보험료를 아끼는 법은 없을까? 물론 있다. 지금부터 4대 보험료 지원 정책에 대해 알아보자.

1. 두루누리 사회보험료 지원사업

근로자 수가 10인 미만이고, 신규 가입 근로자의 월 평균 보수가 270만 원 미만(2025년 기준)이라면 두루누리 사회보험료 지원 혜택을 받을 수 있다. 신규 가입 근로자의 고용보험과 국민연금 보험료의 80%를 36개월간 지원해 준다. 직원을 채용하고 첫 달 보험료를 정상적으로 납부한 것이 확인되면 그다음 달부터 36개월간 감액된 보험료만 청구된다.

주의할 점은 근로자 수가 10인 미만인 사업장, 신규 가입자, 지원 대상 급여 수준이라는 세 가지 요건을 모두 지켜야만 혜택을 받을 수 있다는 점이다. 지원 기간 중에 하나라도 조건이 달라지면 자격 변동 신고를 해야 한다. 그렇지 않으면 지원금 전액이 환수 조치되고 이후 일정 기간 동안 두루누리 사회보험료 지원을 받지 못한다. 근로자 수가 10인 이상이 된 기간이 3개월 이상 유지될 것으로 예상되거나 근로자의 월 평균 보수 금액이 크게 상승할 것으로 예상되는 등 지원 요건에 해당하지 않을 것 같다면 굳이 신청하지 않는 것이 낫다.

2. 60세 이상 근로자 채용 시 국민연금 제외

국민연금은 이름에서 알 수 있듯이 '모든 국민'이 가입하여 보험료를 납부하였다가 일정 시점 이후로 '연금'을 받는 사회보험제도다. 가입 대상은 '국내에 거주하는 국민으로서 18세 이상 60세 미만인 자'이다. 학생이거나 군 복무 등을 이유로 소득이 없는 기간을 제외하고 60세 미만인 성인은 원칙적으로 국민연금의 의무 가입 대상에 포함된다. 반면 60세 이상부터는 가입 의무가 없기 때문에 60세 이상인 근로자를 채용한다면 국민연금 부담분인 4.5%만큼 4대 보험료를 절감하는 효과를 볼 수 있다.

3. 초단시간 근로자 채용 시 국민연금, 건강보험 제외

주당 근로시간을 기준으로 근로기준법이 적용되는 범위가 달라지기 때문에 1일 8시간 및 1주 40시간보다 근로시간이 짧으면 이에 비례해서 4대 보험 적용도 달라진다. 1주에 일하기로 약속한 근로시간이 15시간 미만인 근로자를 '초단시간 근로자'라고 부르는데 이들의 경우 4대 보험 중 국민연금과 건강보험은 적용되지 않고, 고용보험은 4개월차부터 적용되며, 산재보험은 항상 적용된다. 4대 보험료의 대부분(국민연금 4.5%, 건강보험 4.0041%)을 절감할 수 있는 만큼 실무에서 가장 많이 활용되는 방법 중 하나다.

초단시간 근로자의 경우 악용하는 사례가 많아 국민연금 및 건강보험 적용 제외 요건은 무척 까다롭게 규정되어 있다. 근로시간이 짧더라도 근로계약기간이 3개월을 초과하거나 근로소득이 월 220만 원 이상이라면 사업장가입자로서 국민연금의 가입 대상이 된다.

4. 일용근로자 채용 시 국민연금, 건강보험 제외

일용근로자는 1일 단위 또는 시간 단위로 계약해서 근로하는데 고용기간이 보장되지 않는 것이 특징이다. 이러한 특징을 고려하여 일용근로자를 1개월간 8일 미만으로 채용하는 경우에는 국민연금과 건강보험이 제외된다. 단 하루를 근무하더라도 고용보험과 산재보험은 적용된다.

경우에 따라 일용근로자를 1개월 이상 사용하는 경우가 있다. 8일 미만이라고 하더라도 일용근로자를 장기간 사용하면 4대 보험은 모

4대 보험 가입 대상과 범위

구분		국민연금	건강보험	고용보험	산재보험
가입 대상	10인 이상 사업장	○	○	○	○
	10인 미만 사업장: 두루누리 지원금	80% 지원	○	80% 지원	○
가입 의무	근로자(1주당 15시간 이상 근로자)	○	○	○	○
	60세 이상 근로자	×	○	○	○
	3개월 미만 초단시간	×	×	×	○
	3개월 미만 초단시간&월 소득 220만 원 이상	○	×	×	○
	4개월 이후 초단시간	×	×	○	○
	1개월 간 8일 미만 일용근로자	×	×	○	○
	1개월 간 8일 이상 일용근로자	○	○	○	○
	1개월 이상 월 60시간 이상 일용근로자	○	×	○	○
	1개월 이상 월 소득 220만 원 이상 일용근로자	○	×	○	○

두 가입해야 한다. 즉 1개월 이상 근로하고 1개월간 근로일수가 8일 이상이면 직장가입자로서 건강보험에 가입해야 한다. 1개월 이상 근로하고 1개월 간 근로일수가 8일 이상 또는 월 60시간 이상 근로 또는 월 소득금액이 220만 원 이상이라면 사업장가입자로서 국민연금에 가입해야 한다.

5. 사업주의 건강보험료 조정

사업장에 근로자가 없는 경우 사업주의 건강보험은 지역가입자를 유지하게 된다. 지역가입자 건강보험료는 '건강보험료 조정신청제도'를 통해 줄일 수 있는데 아래 요건에 해당하고 조정을 신청한 경우에만 혜택을 받을 수 있다.

- 소득의 감소 또는 증가한 경우
- 재산 소유권이 변경된 경우
- 자동차 소유권 변경 및 폐차한 경우
- 전(월)세 부과된 내역이 실제 계약 내용과 다를 경우
- 무상으로 거주하고 있는 경우
- 정부로부터 전월세 지원금을 받는 기관(주택공사 등)에 임대한 경우

회사가 주기적으로 해야 할 신고들

원천세 신고·납부

은행에 예금을 하면 일정 세금을 제외한 이자를 받게 된다. 이때 은행에서 먼저 공제한 세금이 바로 원천세다. 원천징수는 소득 또는 수입 금액을 지급하는 '원천징수의무자(예: 은행 등)'가 그 대가를 지급할 때 상대방인 '원천납세의무자(예: 은행 이용 고객)'가 내야 할 세금을 국가를 대신하여 징수하고 납부하는 것이다. 원천징수 대상에는 근로소득과 일정한 사업소득(예: 프리랜서 등), 연금소득, 기타소득, 퇴직수당, 대통령령으로 정하는 봉사료가 있다.

직원이나 프리랜서를 고용하는 사업주는 급여를 지급하기 전에 원천세를 신고하고 미리 그 금액을 공제하여 국세청 등에 납부해야 한다. 근로소득 지급 시 비과세 급여가 포함된다면 해당 부분에 대해서는 원천징수가 제외된다. 대표적인 비과세 급여로는 월 20만 원 이하의 식대, 외근직 근로자를 위한 자가용 운전보조금 및 6세 이하 자녀 보육수당 등이 있다.

원천세는 매월 10일까지 신고해야 하는데 신규사업자 중 신청일이 속하는 반기 기준 인원이 20인 이하인 사업장과 직전 상시 고용인원이 20인 이하인 사업장은 반기별 납부 승인신청서를 제출하여 신청할 수 있다. 승인이 완료되면 1~6월의 인건비 지급 내역은 7월 10일까지 신고 및 납부하고, 7~12월은 다음 해 1월 10일까지 신고 및 납부할 수 있다. 단, 국가 및 지방자치단체, 납세조합, 금융보험업 사업자는 적용되지 않는다.

4대 보험 신고 및 보험료 납부

원천세처럼 4대 보험료도 사업주가 신고하고 그 보험료를 납부할 의무가 있다. 직원을 채용하면 4대 보험 가입 신고, 퇴사할 때는 4대 보험 상실 신고를 해야 한다.

입사일로부터 15일 이내에 4대 보험 가입 신고를 하지 않으면 지연 신고에 해당한다. 국민연금, 건강보험과 달리 고용보험과 산재보험은 지연 신고할 때마다 과태료를 부과한다. 법정신고기한이 속한 달의 다음 달 15일까지 신고하지 않으면 피보험자 1인당 3만 원씩 과태료를 부과한다.

직원별로 입사일이 다른데 일정을 봐가면서 4대 보험 가입 신고를 하는 것은 무척 번거로운 일이라 실무에서는 다음 달 10일까지 4대 보험 신고를 하도록 한다. 따라서 직원을 채용한 날이 속하는 달의 다음 달 10일까지 4대 보험을 가입 신고하고 그 보험료와 원천세를 신고·납부하면 된다.

일용직근로자의 경우에는 사용한 달의 다음 달 15일까지 근로 내용 확인 신고를 하고, 급여지급일이 속하는 다음 달 말일까지 일용근로소득지급명세서를 제출하여야 한다.

연말정산과 보수총액신고

매월 원천세와 4대 보험료를 직원 대신 회사가 신고하고 미리 공제해서 납부하지만 이는 근로소득 간이세액표에 의해 원천징수한 것으로 그 합계가 1년간 발생한 총 근로소득에 대한 정확한 세액은 아니다. 일반적으로 원천징수의무자인 사업자는 해당연도 12월 31일까지 근무한 근로자를 대상으로 다음 해 2월분의 근로소득을 지급하는 때에 올해의 연간 급여액에 대하여 추가 납부 또는 환급을 적용하여 연말정산을 해야 한다.

연말정산의 의무는 사업자에게 있지만, 직원이 배우자와 부양가족에 대한 인적공제 및 특별소득·세액공제를 받고자 하는 때에는 원천징수의무자인 사업자에게 관련 자료를 직접 제공하여야 한다. 관련 자료는 국세청 홈텍스의 '연말정산 간소화 서비스'를 활용하면 클릭 몇 번으로 손쉽게 마련할 수 있다. 해당 자료를 제출하지 않고 특정 공제를 요청하면, 그 요건 미비로 인한 책임은 결국 직원에게 있다.

직원이 해당연도 중에 종전 근무지 퇴사 후 새로운 사업장에서 근무하여 연말정산을 할 때는 반드시 종전 근무지 원천징수이행상황신고서를 퇴사 시점에 수령하여 현재 근무하는 사업장에 제출하여야 연말정산 합산신고가 가능하다. 그렇지 못했을 경우 5월에 직접 종합소득세 확정 신고를 하라고 직원에게 전달하고, 해당 사업장에서 지급한 근로소득에 대해서는 연말정산을 마무리 지어야 한다.

직원이 근로소득 이외에 기타소득 또는 사업소득이 있다면 본인이 직접 5월에 종합소득세 합산신고를 하여야 한다. 종합소득세 합산신고 주체는 본인이며, 사업자가 대신 할 의무는 없다. 만일 종합소득세 확정 신고를 하지 않으면 신고 및 납부지연 가산세가 추징된다.

이는 같은 과세기간에 근로소득자 생활을 마무리하고 개업을 하여 사업소득자가 된 경우도 마찬가지이다. 간단히 소득 구분과 신고기한을 정리해 보면 다음과 같다.

국세청 홈텍스 사이트에서 제공하는 '연말정산 간소화 서비스' 자료는 매년 1월 15일부터 전자파일로 다운받을 수 있다. 근로자 본인이 공제 요건 충족 여부 등을 검토한 뒤 회사에 제출하면 된다.

홈텍스 내 연말정산 부가 서비스로 본인의 예상세액 계산 및 맞벌이 근로자 절세 안내 등도 제공받을 수 있다. 1년간 지출 내역이 확인

소득 구분과 신고 기한

구분	근로자	사업자
소득 종류	근로소득	사업소득
세금 정산 시기	다음 해 2월 연말정산	다음 해 5월(성실사업자는 6월)
신고 주체	사업자(원천징수의무자)	사업소득자 본인 또는 세무대리인
동일 연도 둘 이상의 소득 발생 시	• 근로소득+근로소득은 연말정산으로 신고 마무리 • 5월에 직접 합산신고도 가능	근로소득 + 사업소득은 • 근로소득은 2월에 사업자가 연말정산 • 연말정산 내역과 사업소득을 5월에 직접 또는 세무대리인을 통한 합산신고

되므로 각각의 공제 금액들은 어떻게 산정되고, 이 중 누락된 부분은 없는지, 본인의 1년 지출패턴은 어떤지를 파악해 보는 것도 도움이 된

연말정산 간소화 서비스에서 제공하지 않는 항목

서류명	적용 공제사항
주민등록표 등본 및 가족관계증명서	배우자와 부양가족의 인적공제
장애인등록증 또는 장애인 증명서	장애인 공제
임대차계약증서, 금전소비대차계약서 사본	주택 임차자금 차입금 원리금 상환액 공제
개별(공동)주택가격 확인서, 건물등기부 등본	장기주택 저당차입금 이자 상환액 공제
보청기·장애인 보장구·의료용구 영수증	의료비 세액공제
국외 교육비납입증명서, 교복 구입비, 학점인정(독학 학위) 교육비 납입증명서	교육비 세액공제
기부금명세서, 기부금영수증	기부금 세액공제
임대차계약증서, 영수증·계좌이체 영수증·무통장입금 등	월세 세액공제

다. 법인사업자의 대표도 근로소득자로서 연말정산을 하기 때문에 연말정산 정보는 어느 정도 알아두는 것이 좋다.

1인 이상
5인 미만 사업장의 노동법

이제 막 사업을 시작한 경우라면 소상공인에 해당되는 경우가 많다. 소상공인은 상시근로자 수가 10인 미만이고 일정 요건에 해당한 작은 기업을 말한다. 중소벤처기업부에서 발표한 2022년 중소기업 통계에 따르면 우리나라 전체 기업 중 소상공인은 95.1%이다. 100개 기업 중 95개 기업은 근로자 수가 10명 미만이라는 의미다.

회사에 다니는 근로자들은 노동법의 보호를 받는다. 노동법의 기본이 되는 것이 바로 '근로기준법'이다. 노동법으로 보호하는 근로자인지 아닌지, 노동법을 엄격하게 적용해야 하는 사업장인지 약간의 예외를 허용할지는 근로기준법에 달려 있다.

근로기준법은 사업장에서 근무하는 근로자 수에 따라, 근로자가 근무하기로 약속한 시간에 따라 적용되는 범위가 다르다. 큰 사업장이라면 당연히 근로기준법뿐만 아니라 모든 노동법을 적용해야 한다. 아주 작은 사업장은 이를 운영하는 사업주 역시 보호해야 할 약자라고 보아 현재 노동법의 적용을 유예하고 있다. 근로자 수가 5인 미만인 경우에 연차유급수당, 연장·야간·휴일근로 가산수당이 적용되지 않는 것이 대표적이다. 경제적으로 큰 부담이 될 수 있는 근로조건에 대해서는 소상공인의 손을 들어주고 있는 셈이다.

소상공인기본법상 소상공인은 상시근로자 수가 10인 미만인 소기업이고, 노동법은 상시근로자 수가 5명인지, 10명인지 등에 따라 노동법의 적용 범위가 다르다. 여기서 '상시근로자 수'란 1개월의 산정기간 동안 근로자의 연인원을 같은 기간 중의 가동일수로 나누어 근로자의 수가 몇 명인지를 보는 개념이다. 근로자의 연인원에는 일반적인 월급근로자는 물론 일용근로자, 단시간근로자, 초단시간근로자, 동거하는 친족까지 모두 포함되고, 파견근로자는 제외된다. 약국처럼 주6일 근무하는 사업장의 1개월 동안의 가동일수는 27일, 편의점처럼 매일 운영하는 사업장의 가동일수는 31일이 된다.

$$\text{상시근로자 수} = \frac{\text{1개월 동안 사용한 근로자의 연인원}}{\text{1개월 동안의 가동일수}}$$

직원을 단 한 명이라도 채용하면 근로기준법을 포함한 노동법이 적용된다. 다음에 소개하는 노동법은 사업장을 운영함에 있어서 가장 기초적인 내용이므로 반드시 알고 있어야 한다.

1. 근로계약서 적용

공인노무사에게 "노동법에서 가장 중요한 것이 무엇이냐?"고 묻는다면 모두 다 "근로계약서"라고 답변할 것이다. 근로계약서는 없어도 문제가 되고, 실제 계약과 달라도 문제가 발생한다. 물론 근로자 입장에서는 근로계약서가 없더라도 근로를 했다면 노동법의 모든 보호를 받을 수 있다. 하지만 사업주에게 근로계약서가 없다는 것은 아주 큰 문제다. 그 자체로 벌금 혹은 과태료 대상이 된다. 직원과 회사 간의 어떤 갈등이 발생했을 때 근로계약서에 따라 잘잘못을 따지는데 근로계약서가 없으면 '근로자의 말이 모두 맞다'고 가정하고 시시비비를 가린다. 단지 근로계약서를 쓰지 않은 것만으로 회사는 지는 게임을 하는 것이다. 그만큼 근로계약서는 중요하다.

간혹 "직원이 일하는 것 보고 근로계약서를 쓰려고 했다"고 말씀하시는 분들이 있다. 그렇지만 어떤 경우에도 "근로계약서를 쓰지 않았다"는 결론에 도달할 뿐이다. 근로계약서는 채용하기로 결정한 때 혹은 근무하기로 한 첫날에 쓰는 것이 가장 좋다.

근로계약서를 작성했다면 잘 보관해야 한다. 3년간 반드시 보관해야 할 서류 중 하나가 근로계약서이다. 근로계약서는 종이는 물론 전자문서로도 작성 가능하다. 근로계약서에는 개인정보가 포함되어 있으므로 보안 역시 중요하다.

근로계약서에는 어떤 내용이 들어가야 할까? 1일 8시간 이내, 1주 40시간 이내인 근로자를 기준으로 할 때 임금의 구성 항목, 계산 방법, 지급 방법, 소정근로시간(근무하기로 약속한 시간), 휴일, 연차유급휴가, 취업 장소와 종사할 업무가 반드시 표시되어야 한다. 여기서 휴일은 1주에 한 번 유급으로 쉬는 주휴일을 말하는데 5인 미만 사업장이라면 관공서에 정한 공휴일은 적용되지 않는다. 달력에 빨간색으로 표기된 1월 1일, 3월 1일 등은 5인 미만 사업장에서는 여전히 까만 날이다. 마지막으로 5인 미만 사업장에 연차유급휴가는 없기 때문에 "근로기준법에 따라 부여한다"고 적으면 '연차유급휴가가 없다'는 의미가 된다.

1일 8시간 이내 1주 40시간 이내에 근로하기로 한 근로자를 '통상근로자'라고 부른다. 통상근로자보다 근로시간이 1시간이라도 짧으면 단시간근로자가 된다. 1주 15시간 미만 근로하는 초단시간근로자도 단시간근로자에 포함된다. 단시간근로자는 위의 여덟 가지를 비롯해 추가적인 사항이 더 필요하다. 근로일과 근로일별 근로시간, 휴게시간, 휴가를 표기해야 한다. 휴게시간은 4시간 미만 근로 시에는 안 줘도 된다. 만약 4시간 이상 8시간 미만이라면 30분을, 8시간 이상이라면 1시간을 부여하여야 하고 휴게시간에는 임금을 주지 않아도 된다. 휴가가 없다고 해서 아예 작성하지 않으면 법 위반이다. 휴가는 있으면 '있다', 없으면 '없다'고 표기한다.

근로계약서는 포함되어야 할 내용이 상당히 많고 규정도 복잡하다. 고용노동부의 표준근로계약서에는 근로자의 특징별로 들어가야 할 정보를 구분해서 제공하고 있다. 고용노동부의 표준근로계약서를 그대로 쓰되 필요한 내용만 추가하는 것도 좋은 방법이다. 고용노동부의 표준근로계약서에 빠진 것 중 중요한 사항이 있는데 바로 '수습기간'이다. 3개월 미만의 수습기간을 명시해 두면 좋은데, 수습기간 동안 직원의 근무 태도, 자격 등을 고려해 같이 일하기 어렵다고 판단되면 별도의 해고 예고 없이 퇴사시킬 수 있다. 이 경우 근로계약서에 반드시 수습기간을 표기해야 한다.

2. 최저임금 적용

2025년 최저임금은 시간당 10,030원(2026년은 10,320원)이다. 최저임금은 최저임금법에서 정한다. 고용노동부 장관은 매년 8월 5일까지 그다음 해의 최저임금을 결정해서 알린다.

직원을 고용했다면 최저임금은 항상 지켜야 한다. 최저임금법은 노동법 중에서도 가장 엄격하게 적용하는 부분이다. 최저임금보다 적게 지급하면 3년 이하의 징역 또는 2천만 원 이하의 벌금에 처한다. 최저임금에 미달한 금액 역시 전액 지급해야 한다. 직원이 동의하였다고 하더라도 최저임금 이하로 근로계약을 체결할 수 없고, 최저임금액 이하로 임금을 지급할 수도 없다.

실무에서 최저임금이 적용되지 않는 경우는 단 두 가지뿐이다. 같이 사는 가족직원인 경우와 근로자가 아닌 경우다. 같이 사는 가족직원은 근로기준법에 따라 최저임금이 적용되지 않는다. 따로 사는 가족직원에는 최저임금이 적용된다. 개인사업자인 사업주와 법인대표자는 근로기준법상 근로자가 아닌 '사용자'로서 최저임금이 적용되지 않는다. 이때 법인사업자로 운영하는 경우 가족직원은 최저임금이 적용된다. 가족직원은 대표자와 가족이지 법인의 가족은 아니기 때문이다.

2025년 최저시급 10,030원을 월급으로 하면 2,096,270원, 연봉으로 계산하면 25,155,240원이다. 최저임금 이상인지는 임금 총액으로 따지는 것이 아니다. 최저임금에 해당하는 임금의 구성항목만을 합해서 최저임금 이상인지를 살핀다. 최저임금에 산입되는 것은 매월 1회 이상 지급하는 임금으로 소위 '기본급'이라고 부르는 임금, 상여금, 식비, 교통비 등이다. 명절상여금과 시간외수당(연장, 야간, 휴일근로에 대한 수당)은 최저임금에 산입되지 않는다. 다음 표에 나와 있는 세 가지 사례를 통해 최저임금법 위반에 대해 자세히 알아보자.

사례1은 사례3과 비교해서 월급이 더 높은데도 불구하고 최저임금법 위반에 해당한다. 시간외수당은 최저임금에 산입되지 않기 때문이다. 사례2 역시 사례3보다 연봉이 훨씬 높은데도 불구하고 최저임금법 위반이다. 연 2회만 지급되는 명절상여금은 최저임금에 포함되지 않기 때문이다.

최저임금법 위반 소지가 있는데도 임금의 구성항목을 잘게 쪼개는

최저임금 위반 사례

최저임금	임금구성항목	사례1: 위반	사례2: 위반	사례3: 적법
산입	기본급	1,000,000	2,000,000	1,696,270
산입	월 상여금	500,000		
산입	식비(비과세)	200,000		200,000
산입	교통비(비과세)	200,000		200,000
제외	시간외수당	200,000		
	월급 소계	2,100,000	2,000,000	2,096,270
제외	명절상여금	-	6,000,000	
	연봉 소계	25,200,000	30,000,000	25,155,240

이유가 있다. 예전에는 기본급만으로 시간외수당(연장, 야간, 휴일근로에 대한 수당)을 산정했다. 근로자 수가 5인 이상이라면 근로자가 연장, 야간, 휴일에 근로 시 평소 임금보다 50%를 추가로 더해서 시간외수당을 지급해야 한다. 근무시간이 길어지면 회사가 부담해야 할 인건비가 크게 증가한다. 때문에 기본급은 적게 하고 다른 수당을 추가적으로 넣는 임금 산정 방식을 선호하는 것이다.

요즘에도 임금 항목을 구분하는 이유는 비과세항목 때문이다. 세법상 일정 요건을 갖춘 식비와 교통비는 최대 20만 원까지 비과세가 된다. 비과세, 즉 과세하지 않는 항목은 회사에도, 근로자에게도 중요하다. 같은 급여에서 비과세 금액이 커지면, 회사는 4대 보험을 적게 부담하고 근로자 역시 4대 보험과 근로소득세도 적어진다. 만약 비과세를 많이 받을 욕심에 임금구성 항목을 쪼개다 보면 사례1처럼 최저임금 위반이 될 위험이 있다. 비과세를 통해 4대 보험의 부담을 줄이고 싶다면 노무사와 상담하는 것을 추천한다.

3. 주휴수당 적용

주휴수당이란 근로자가 일주일을 모두 근무하면 그중 1일을 유급으로 쉬도록 하는 것을 말한다. 월요일부터 금요일까지 근무하고 일요일을 주휴일로 정했다면, 일요일은 근무하지 않더라도 1일치만큼의 임금을 지급해야 하는 것이다. 주휴수당은 1주를 모두 근무한 경우에만 지급하기 때문에 일용직처럼 1일 단위로 근무하면 발생하지 않는다. 따라서 주급이나 월급으로 환산할 때만 비로소 주휴수당이 나타나게 된다. 반면 1주를 모두 근무하지 않으면 '무급'으로 주휴일을 부여하면 된다. 지각이나 조퇴했더라도 근무는 했으므로 유급으로 주휴일을 부여해야 한다. 결근을 한 경우에는 주휴수당을 지급하지 않아도 된다.

2025년 최저시급이 10,030원인데 월급이 2,096,270원인 것도 주휴수당에 포함되어 있기 때문이다. 우리나라 대부분의 사업장은 '월 단위'로 급여를 지급한다. 그래서 달력상 일자가 다른 것을 매월 똑같다고 가정할 필요가 있다. 주휴수당을 월 단위로 지급하기 위해서는 1개월에 몇 주가 있는지를 계산하면 된다. 1년 365일을 12월로 나누고 다시 1주일에 해당하는 7일로 나누면 약 4.345주가 나온다. 1주 근무 40시간과 주휴일 8시간을 합한 뒤 4.345주를 곱하면 약 208.571…시간이 나온다. 이를 올림하면 209시간이 된다. 정리하면 1시간당 급여에 209시간을 곱하면 월급이 된다.

> 최저임금 1시간: 10,030원
> 최저임금 1일(8시간): 10,030원×8시간 = 80,240원
> 최저임금 1주(8시간씩 5일 근무): 10,030원 × 40시간 + 10,030원 × 주휴일 8시간 = 481,440원
> 최저임금 1월: 10,030원 × 209시간 = 2,096,270원

근로자 중에서 "나는 주휴수당을 받은 적 없는데?"라고 생각하는 분들이 있다. 주휴수당은 임금 구성 항목에 반드시 표시해야 하는 항목이 아니다 보니 그렇게 생각할 수 있다. 이때 자신의 월급에서 주휴수당을 역산해 볼 수 있다. 주 40시간 근로하는 근로자의 경우 시간외수당을 제외하고 월 급여에서 209를 나누면 1시간당 급여가 나온다. 1시간당 급여가 2025년 최저시급인 10,030원보다 많다면 적법하게 주휴수당을 지급하고 있는 것이다.

주휴수당은 일주일에 무조건 8시간을 지급해야 하는 것은 아니다. 1주에 40시간 미만으로 근무했다면 주휴일도 이에 비례해서 감소한다. 단 1주당 소정근로시간이 15시간 미만이면 주휴수당이 발생하지

않는다. 그래서 주휴일은 최소 3시간에서 최대 8시간까지 발생한다. 여기서 소정근로시간이란 실제로 근무한 시간이 아니라 '근로하기로 약속한 시간'이다. 근로계약서가 중요한 이유가 여기에도 있다.

$$주휴일 = \frac{소정근로시간(15시간 \text{ 이상} \sim 40시간 \text{ 이하})}{40시간} \times 8시간$$

근무시간에 따른 임금 계산

	주14시간	주15시간	주20시간	주40시간	비고
1주 근무시간	14	15	20	40	
1주 주휴일 시간	-	3	4	8	
1주 유급시간 소계	14	18	24	48	
1월 유급시간 계산 (1주 유급시간 × 4.345)	61시간 (60.833)	79시간 (78.214)	105시간 (104.285)	209시간 (208.571)	소수점 첫째자리 올림
월급 계산 (1월 유급시간 × 10,030)	611,830	792,370	1,053,150	2,096,270	2025년 최저시급 기준

4. 임금 지급

임금은 매월 1회 이상 일정한 날짜를 정하여 지급하여야 한다. 임금은 근로자의 명의의 계좌에 직접 이체하고 이때 임금명세서도 함께 주어야 한다.

　임금명세서에는 근로자의 성명, 생년월일, 사원번호 등 근로자를 특정할 수 있는 정보와 임금 지급일, 임금 총액, 기본급, 각종 수당, 상여금, 성과금 등 그밖의 임금의 구성항목별 금액을 표기한다. 만약 임금의 구성항목별 금액이 출근일수·시간 등에 따라 달라지는 경우에는 임금의 구성항목별 금액의 계산방법, 임금의 공제 항목별 금액과 총액 등 공제내역(원천세 및 4대 보험료 등)이 포함되어야 한다.

　직원들에게 지급한 임금에서 미리 세금과 4대 보험료 근로자분을 공제하고 매달 10일까지 4대 보험료와 원천세를 신고 및 납부해야 한다. 이를 위해서는 임금대장을 만드는데 임금대장 역시 임금명세서와 함께 3년간 보관해야 한다.

　간혹 임금을 현금으로 받기 원하는 근로자가 있다. 노동법상 근로자에게 직접 전달된다면 가능하지만 세법상 탈세 등으로 악용될 우려가 있다. 때문에 현금으로 지급한다면 임금명세서 지급과 함께 현금수령증을 받아두어야 한다. 또 근로자가 가족 등의 명의로 된 계좌에 급여를 이체하기를 요청하는 경우도 있다. 이는 노동법상 굉장히 위험하다. 이런 경우 차라리 현금으로 지급하고 현금수령증을 받는 것이 더 안전하다.

5. 퇴직금의 적용

퇴직금은 계속 근로한 기간이 1년 이상인 근로자에게 지급하는 급여로 퇴직할 때 지급한다.

1년 이상 계속 근무해도 퇴직금이 생기지 않는 경우는 두 가지다. 같이 살고 있는 가족직원인 경우와 소정근로시간이 주당 15시간 미만인 근로자다. 같이 살고 있는 가족직원은 근로기준법상 근로자로 보지 않기 때문에 퇴직금 지급 의무가 없고 초단시간근로자의 경우 법에서 퇴직금이 적용되지 않는다고 규정해 놓았기 때문에 예외 적용된다.

요즘에는 퇴직연금을 가입하는 게 일반적인데, 강제사항은 아니다. 퇴직연금을 가입하지 않은 사업장에서는 퇴직금이 적용된다. 근로자가 퇴직하기 전에는 퇴직금을 지급할 필요가 없기 때문에 퇴직금을 미리 비축해 놓지 않는 경우가 많았다. 그러다가 회사 사정이 어려워지면 급여는 물론 퇴직금까지 지급하지 못하고 폐업하는 경우가 많았다. 이를 방지하고자 등장한 것이 퇴직연금이다. 퇴직연금은 근로자가 퇴사하지 않더라도 1년에 한 번 이상 은행 등에 퇴직금 상당액을 예치해 놓는 것이다.

퇴직연금은 크게 DB Defined Benefit형과 DC Defined Contribution형이 있다. DB는 확정급여형 퇴직연금으로 퇴직금과 계산하는 방법이 같다. 계속 근로기간 1년에 대하여 30일분 이상의 평균임금을 퇴직급여 상당액으로 보아 그 금액을 퇴직연금사업자에 적립해 두면 된다. DC는 확정기여형 퇴직연금으로 매년 근로자의 연간 임금총액의 1/12 이상을 퇴직연금 계좌에 적립하면 된다.

DB형의 1개월 임금이나 DC형의 연봉의 1/12나 금액적으로 비슷하지만 최종적으로 퇴사하는 시점의 연봉이 입사시점의 연봉보다 높은 경우가 많다. 그래서 노동조합이 있는 회사들은 DB형 퇴직연금을 선택하는 경우가 많고, 중소기업은 DC형 퇴직연금을 선택하는 경우가 많다.

DB형이든 DC형이든 퇴직연금을 도입하게 되면 퇴직규약을 작성해서 고용노동부 장관에게 신고하는 등 행정적인 업무가 따라온다. 업무의 과중을 덜어주기 위해 DC형 퇴직연금과 유사한 지원제도를 운영하고 있는데 상시근로자 수가 10인 미만인 사업장은 IRP Individual Retirement Pension 즉 개인형 퇴직연금제도에 가입할 수 있다. 규약 작성 및 신고 등 행정적인 업무를 하지 않아도 되는 장점이 있다. 또 상시근로자 수가 30인 이하인 사업장은 근로복지공단에서 운영하는 중소기업퇴직연금기금제도를 이용할 수 있다. 수수료가 낮고 근로자에게 약간의 지원금과 과세이연이라는 세제 혜택이 있다.

어떤 형태로든 퇴직연금에 가입하게 되면 산재보험료를 낮출 수 있다. 산재보험료 안에는 임금채권부담금이 포함되어 있는데 이는 기업이 도산해서 근로자의 임금·휴업수당 또는 퇴직금을 받지 못하고 퇴직한 경우 임금채권보장기금에서 사업주를 대신해서 먼저 지급하는 제도다. 퇴직연금을 가입하면 금융기관과 같은 퇴직연금사업자가 퇴직급여 상당액을 관리하므로 위험부담이 낮아진 만큼 산재보험료를 낮춰주는 것이다. 퇴직연금 가입 후 고용산재보험 토탈서비스에 접수하면 된다. 어차피 부담해야 할 퇴직급여라면 퇴직연금을 가입해서 산재보험료를 아끼자.

과거에는 월급에 퇴직금을 포함시켜서 주는 사업장들이 있었지만 퇴직연금 계좌에 입금하는 것을 제외하고 월급에 퇴직금을 포함시킬 수는 없다. 퇴직금을 포함시켜서 주었다 하더라도 법적으로 모두 무효다. 근로자에게 이미 준 퇴직금은 돌려받을 수 없고 퇴사할 때 다시 퇴직금을 지급해야 한다. 퇴직금 중간 정산이라는 제도가 있지만 이는 별도의 법적요건을 갖추고 진행하는 경우에만 가능하다.

근로자가 퇴사하게 되면 14일 이내에 급여와 퇴직급여를 지급해야 한다. 월급 지급일이 정해져 있다면 퇴사일로부터 14일이 아닌, 급여일에 맞추어 월급과 퇴직급여를 지급하겠다고 고지해야 임금체불이 되지 않는다. 가끔 근무하던 직원이 연락 없이 결근하다가 퇴사하는 경우가 있다. 이 경우에도 급여일에 맞추어 일한 만큼의 월급과 1년 이상 계속 근무했다면 퇴직급여까지 지급해야 한다. "연락 오면 주려고 했다"고 말해도 소용없다. 노동법은 퇴사일로부터 14일 이내에 퇴사와 관련된 모든 금품을 지급하도록 규정하고 있기 때문이다. 임금체불은 엄격하게 규정을 적용하기 때문에 사업주는 이를 주의하여야 한다.

회사를 운영하는 사업주는 근로자가 아니기 때문에 퇴직연금에 가입할 수 없다. 이러한 사업주를 위한 퇴직금 제도가 바로 '노란우산공제'이다.

근로자의 퇴직급여처럼 사장님의 공제금도 법에 의해 압류, 양도, 담보제공이 금지되는 등 수급권을 보호받을 수 있다. 납부부담금은 전액 적립되고 복리이자를 적용하기 때문에 최대한 일찍 가입하는 것이 유리하다. 납부부담금에 대해 연간 최대 600만 원의 소득공제를 받을 수 있으며 중소기업중앙회가 부담하는 무료 상해보험도 가입된다.

근로자가 퇴사하면 퇴직급여를 지급받는 것처럼 노란우산공제 역시 폐업 시에 일시금 또는 분할금의 형태로 돌려받을 수 있다. 근로자의 퇴직금 중간정산제도는 없지만, 해지하지 않고 실제 납부한 공제부금 범위 내에서 대출이 가능하다.

6. 임산부 보호, 출산 전후 휴가와 육아휴직 적용

헌법은 미성년자와 임산부 근로자를 특별히 더 보호하고 있다. 그래서 아무리 작은 사업장이라 할지라도 임산부 보호에 관한 규정 및 출산전후휴가와 육아휴직 등도 모두 적용된다.

사업주 입장에서 심리적으로 상당히 부담될 수 있지만 경제적인 부담은 거의 없다. 고용노동부는 회사를 대신해서 근로자에게 출산전후휴가급여, 유산·사산휴가급여, 남성의 출산휴가급여(배우자 출산휴가급여), 육아휴직급여 등을 지급하고 있다. 임신, 출산 및 육아로 인한 인력 공백을 메우기 어려워하는 중소기업을 위한 대체인력지원금을 지원한다. 중소기업에서 육아휴직을 사용하는 근로자를 위한 육아휴직지원금, 육아기근로시간 단축지원금, 육아휴직 복직지원금 등도 있다.

7. 해고 예고 적용

5인 미만 사업장에서 가장 주의해야 할 부분은 바로 해고 예고다. 해고 예고란 회사가 직원을 퇴사시키기 전에 30일 전에 미리 이야기하고, 이를 하지 않으면 30일 치의 통상임금을 지급해야 한다는 것이다. 해고 예고 위반은 그 자체로 많은 문제를 만든다. 해고 예고를 하면 곧 퇴사할 직원과 근무하면서 심리적 불편감을 가져야 하고, 하지 않으면 금전적인 부담이 발생한다.

근로기준법에서 근로자를 해고하기 전에 미리 말하도록 규정하고 있는 이유는 갑작스러운 실직으로부터 근로자를 보호하기 위함이다. 회사가 직원을 해고하면서 30일도 안 되는 짧은 시간을 줬다면 대신 임금이라도 충분하게 주라는 의미다. 30일 치의 통상임금은 1개월의 월급보다 많은 금액이다. 1개월의 최저임금 기준 월급은 2,096,270원이지만 30일 치 통상임금은 2,407,200원이 된다. 즉 회사가 직원에게 30일 전에 미리 말하지 않는다면 그대로 인건비 증가로 이어지게 된다.

갑작스럽게 해고당한 직원은 회사에 좋은 감정을 가지고 있을 리 없다. 해고 통보를 받자마자 곧장 고용노동부로 찾아가 해고 예고 수당을 받을 준비를 한다. 그 직원이 얼마나 일을 못했는지, 회사에 얼마나 큰 피해를 주었는지는 문제가 되지 않는다. 고용노동부는 회사가 30일 전에 미리 말을 했는지만 살핀다. 회사는 직원을 내보냄에 있어 금전적으로, 감정적으로 손해를 보게 된다.

따라서 직원을 내보내기로 결심했다면 "다음 달 말일까지만 근무하고 퇴사하라"고 말해야 한다. 2월을 제외하면 거의 모든 달은 30일 이상이므로 '다음 달 말일까지'라고 말을 하면 근로기준법에서 정한 해고 예고의 조건을 충족하게 된다.

앞서 근로계약서의 수습기간을 추가하라고 한 것은 해고 예외 때문이다. 계속 근로기간이 3개월 미만이라면 해고 예고를 하지 않아도 된다. 수습기간 동안 직원이 회사에 적합한 인재인지를 살피고, 적합하지 않는다면 해고 예고 수당 없이 해고할 수 있다. 노동법은 수습기간에 대해 상대적으로 쉽게 해고할 수 있도록 정한 만큼 근로계약서 수습기간을 기재하는 것이 좋다.

5인 이상 10인 미만 사업장의 노동법

상시근로자 수가 5인 이상 10인 미만인 사업장은 앞에서 설명한 일곱 가지(근로계약서, 최저임금, 주휴수당, 임금, 퇴직금, 임산부 보호, 해고 예고) 항목이 모두 적용된다. 추가적으로 적용되는 사항 중 주목할 만한 것은 시간외수당, 연차유급휴가, 직장 내 괴롭힘 금지, 관공서 공휴일, 부당해고 등이다.

1. 시간외수당

5인 미만 사업장에서는 근로시간에 관한 규정이 적용되지 않는다. 그에 따라 길게 근로하거나 휴일에 근로하는 경우에도 근무한 시간만큼 임금을 지급하면 된다. 하지만 5인 이상 사업장이 되면 근로시간과 시간외수당에 관한 사항이 전면적으로 적용된다.

근로기준법은 1일의 소정근로시간은 8시간으로, 1주의 소정근로시간은 40시간으로 규정하고 있다. 주5일제 근무라는 말 역시 소정근로시간과 관련된다. 하루에 8시간 근무하면 5일간 근무 시에 40시간이 되기 때문이다. 만약 1일 10시간씩 주 4일 근무하면 어떻게 될까? 8시간을 초과한 2시간은 연장근로시간이 된다. 연장근로를 하게 되면 평소와 달리 시간당 임금을 50% 가산해서 지급하여야 한다. 1시간 임금이 10,030원이 아니라 15,045원 이상을 지급해야 하는 것이다. 아래의 사례처럼 1주일에 같은 40시간을 근무해도 1일 8시간을 초과하면 연장근로가 되고, 추가로 28만 원 이상 지급해야 한다.

1일 근무시간에 따른 급여의 변화

	8시간씩 주 5일	10시간씩 주 4일	비고
1주 소정근로시간	40	32	1일 소정근로 8시간 이내
1주 연장근로시간		8	1일 2시간씩 연장근로
1주 유급주휴시간	8	6.4	
소계	48	46.4	
주휴포함 급여	2,096,270	2,026,060	
연장근로수당		351,050	연장근로×시급×150%
월급 합계	2,096,270	2,377,110	최저시급 10,030원

같은 40시간인데 임금이 다른 것은 합리적이지 않다고 생각할 수

있다. 그런 부분을 해결하고자 탄력적 근로시간제, 선택적 근로시간제 등의 도입을 고려할 수 있다. 근로기준법상 유연근무제를 활용하면 같은 월급으로 근무가 가능하다.

병·의원처럼 토요일까지 운영하는 사업장에 매일 7시간씩 주 6일 근무를 가정해 보자. 1일의 근로시간이 8시간을 초과하지 않았다 하더라도 그 7시간이 모여 주당 40시간을 넘는 순간부터 연장근로가 된다. 소정근로시간은 근로하기로 약속한 시간을 말한다. 처음부터 연장근로가 예상된다고 하더라도 1일 8시간과 1주 40시간을 초과한 부분은 연장근로가 된다. 그리고 연장근로시간만큼은 시간당 급여의 50% 이상 가산해야 한다.

1일 7시간씩 주 6일 근무에 따른 급여의 변화

	8시간씩 주5일	7시간씩 주6일	비고
1주 소정근로시간	40	40	1주 소정근로 40시간 이내
1주 연장근로시간		2	40시간 초과한 연장근로
1주 유급주휴시간	8	8	
소계	48	48	
주휴포함 급여	2,096,270	2,096,270	
연장근로수당		90,270	연장근로×시급×150%
월급 합계	2,096,270	2,186,540	최저시급 10,030원

연장근로뿐만 아니라 휴일에 근무하는 경우에도 통상임금의 50% 이상을 더하여 지급하여야 한다. 여기서 휴일이란 주휴일, 근로자의

날(매년 5월 1일), 관공서의 공휴일 그리고 회사의 창립기념일과 같이 별도로 정한 휴일 등이 포함된다. 관공서의 공휴일이란 달력에 빨간색으로 표시된 날로 1월 1일, 3월 1일 등을 말한다. 주휴일, 근로자의 날, 관공서의 공휴일은 유급휴일이다. 즉 근로하지 않아도 월급을 삭감하여서는 안 된다. 또 유급휴일에 근무한다면 근무시간에 통상임금의 50% 이상을 가산하여 추가로 지급하여야 한다. 5인 미만 사업장은 주휴일과 근로자의 날만 유급휴일이고, 관공서의 공휴일은 여전히 근로일에 해당한다.

야간에 근무하는 경우에도 통상임금의 50% 이상을 가산하여 지급해야 한다. 여기서 야간은 밤 10시부터 그다음 날 새벽 6시까지를 말한다. 편의점처럼 24시간 운영하는 경우라면 밤 10시부터 익일 6시 사이 시급은 15,045원 이상이다. 5인 미만 사업장은 야간근로자에게 여전히 10,030원만 지급하는 것이 가능하다.

연장, 야간, 휴일 근로 시 50% 이상을 가산하는 기준이 되는 것은 통상임금이다. 통상임금이란 근로자에게 정기적이고 일률적으로 소정근로 또는 총 근로에 대하여 지급하기로 정한 임금을 말한다. 대법원 판례는 통상임금의 조건을 정기성, 일률성, 고정성으로 삼았는데, 2024년 전원합의체 판결로 통상임금의 범위가 크게 늘었다. 시간외수당을 제외한 모든 급여항목은 다 통상임금이라고 봐도 될 정도로 확대되었다. 월 단위로 지급되는 임금을 모두 합쳐서 209로 나누면 시간당 통상임금을 역산할 수 있다. 1월을 초과하는 단위로 지급되는 임금은 그 산정기간을 단위로 나누어 통상임금을 역산하면 된다. 예를 들어 명절상여금의 경우 12개월로 나누고 다시 209로 나누면 시간당 통상임금이 나온다. 이렇게 역산해서 나온 통상임금을 기준으로 연장, 야간, 휴일 가산수당을 계산하면 된다.

2. 연차유급휴가 적용

연차유급휴가는 1년간 80% 이상 출근한 근로자에게 부여하는 15일 이상의 유급휴가다. 입사하고 최초 1년간은 1개월 개근 시 1일의 연차유급휴가가 생긴다. 그다음부터는 1년간 80%의 출근율을 달성하였는지를 살펴 15일의 연차유급휴가를 주는데, 계속근로연수 2년마다 1일의 연차유급휴가가 추가로 발생한다. 장기근속하면 연차유급휴가는 최대 25일까지 늘어나게 된다. 그 이후부터는 근속을 유지해도 휴가일수가 더 늘지 않는다.

근무기간에 따른 연차 발생

구분	1년 미만	1년 이상 2년 미만	2년 이상 3년 미만	3년 이상 4년 미만	4년 이상 5년 미만	…	21년 이상
연차유급 휴가일수	최대 11일	15일	15일	16일	16일	…	최대 25일

출근율이 80% 이상인지는 소정근로일수에서 출근일수가 차지하는 비율을 살핀다. 분모는 365일이 아니라 소정근로일수이다. 즉 주휴일, 근로자의 날, 관공서에 정한 공휴일, 임의휴일 등은 모두 제외된다. 출산전후휴가, 육아휴직, 연차유급휴가처럼 법률에 정한 경우에는 실제 출근하지 않았더라도 분자와 분모 모두 포함되어 출근한 것으로 본다. 실질적으로 출근율 80% 미만인 근로자는 회사에 거의 없다고 봐야 한다.

$$출근율 = \frac{출근일수}{소정근로일수}$$

5인 이상 사업장에는 시간외수당보다 연차유급휴가가 더 크게 다가온다. 연장근로나 휴일근로는 하지 않으면 추가적인 비용 부담이 없지만 연차유급휴가는 근로자가 휴가를 사용하지 않으면 돈을 주어야 하기 때문이다. 이때 연차유급휴가수당은 1일의 통상임금을 기준으로 남은 휴가일수만큼 곱해 지급한다.

연차유급휴가수당을 주지 않기 위해서는 직원들이 휴가를 소진하도록 장려해야 한다. 징검다리 휴일처럼 모두가 쉬고 싶은 날에는 일부 직원만 휴가를 쓰도록 조율하고, 수당을 받고 싶어 하는 직원들을 대상으로는 법에서 정한 바대로 연차유급휴가 사용촉진을 해야 한다. 연차유급휴가 사용촉진은 직원별로 6개월 전에 남은 휴가일수를 알려주고 휴가일정을 취합해야 한다. 그리고 2개월 전에 신청한 대로 휴가를 사용하였는지 일일이 살핀 다음에 사용하지 않은 휴가시기를 정해서 알려줘야 한다.

3. 직장 내 괴롭힘 금지 적용

직장 내 괴롭힘이란 직장에서의 지위 또는 관계 등의 우위를 이용하여 다른 근로자에게 신체적·정신적 고통을 주거나 근무환경을 악화시키는 행위를 말한다.

회사 내 직원들 간에 발생하는 문제로 치부하기에 최근 직장 내 괴롭힘의 수준이 심각해지고 있는 상황이다. 직장 내 괴롭힘 신고가 들어오면 회사는 지체 없이 사실관계를 조사하고, 피해근로자에게 2차 가해가 되지 않도록 적절한 조치를 취해야 한다.

직장 내 괴롭힘 발생 사실이 확인되면 그 행위자에 대해 징계, 근무장소 변경 등의 조치를 취해야 한다. 이때 부당행위를 신고한 근로자나 피해근로자 등에게 해고나 그 밖의 불리한 처우를 해서는 안 된다. 직장 내 괴롭힘이 발생했을 때 회사가 법에서 정한 적절한 조치를 취하지 않거나 피해근로자 등에 대해 불리한 처우 등을 하면 그 자체로 위법이 된다.

4. 관공서의 공휴일 적용

관공서의 공휴일은 다음과 같다. 국경일 중 3·1절, 광복절, 개천절 및 한글날, 설날 전날, 설날, 설날 다음 날(음력 12월 말일, 1월 1일, 2일), 부처님오신날(음력 4월 8일), 어린이날(5월 5일), 추석 전날, 추석, 추석 다음 날(음력 8월 14일, 15일, 16일), 크리스마스(12월 25일)이다. 위 공휴일은 토요일 혹은 일요일과 겹치면 그다음 비공휴일까지 대체공휴일이 된다. 1월 1일, 6월 6일(현충일), 「공직선거법」 제34조에 따른 임기만료에 의한 선거의 선거일, 기타 정부에서 수시 지정하는 날 역시 공휴일이다.

5인 이상 사업장이 되면 공휴일은 '유급' 휴일이 된다. 유급휴일이라 함은 근무하지 않아도 월급을 삭감하지 않고 그대로 지급해야 한다는 의미다. 주말이나 휴일에 매출이 큰 업종 같은 경우에는 공휴일이 유급휴일이 되면 인건비 부담이 크게 상승한다. 휴일근로시 통상임금의 50% 이상을 가산하여 지급하여야 하기 때문이다. 2025년은 월요일과 금요일 사이에 16일의 공휴일이 있다. 최저시급을 기준으로 하더라도 근로자 1인당 1,925,760원(10,030원×16일×8시간×150%)을 추가로 지급하여야 한다.

공휴일의 적용으로 추가적인 인건비가 많이 부담되는 사업장이라면 휴일대체, 대휴, 보상휴가제 등을 고려할 수 있다. 휴일대체는 휴일과 소정근로일을 맞바꾸는 제도다. 예를 들어 주휴일인 일요일에 근무하고 대신 소정근로일인 월요일에 쉴 수 있게 하는 제도인데 근로자의 동의를 받아야만 인정된다. 근로자의 동의서가 없으면 여전히 가산임금을 지급해야 한다. 대휴는 휴일과 소정근로일을 바꾸는 제도인데, 가산임금만큼은 돈으로 지급하는 제도다. 예를 들어 주휴일인 일요일에 8시간 일을 했다면 가산임금까지 포함해 12시간만큼의 임금을 지급해야 한다. 이때 소정근로일인 월요일에 8시간 쉬고, 4시간만큼은 가산수당을 따로 지급하는 것이다. 근로자의 동의받지 못한 휴일대체가 대휴라고 보면 된다. 보상휴가제는 연장, 야간, 휴일근로에 대해 돈 대신 휴가로 부여하는 제도다. 예를 들어 주휴일인 일요일에 8시간 일하면 12시간의 휴가가 생기는데 이를 근로자가 원하는 날 시간 단위로 사용하면 된다. 이 모든 제도는 근로기준법에 따라 서면 합의를 하면 적법하게 도입할 수 있다.

5. 부당해고 등의 구제신청 적용

2022년 기준 고용보험 적용사업체 수를 기준으로 전체 사업장에서 5인 미만 사업장이 차지하는 비율은 76.5%이다. 이러한 5인 미만 사업장에는 부당해고 등 구제신청이 적용되지 않기 때문에 이를 아예 모르는 사람들도 많다.

본래 회사와 직원 간의 어떤 갈등이 발생했을 때 이를 해결하려면 민사소송을 제기하여야 한다. 근로계약은 사인 간의 계약, 즉 민사계약에 속하기 때문이다. 하지만 모든 해고에 대해서 민사소송을 제기하면 그 결과를 받는 데까지 오랜 기간이 걸리고 비용도 상당하다. 이때 이를 빠르고 간편하게 해결하는 방안이 행정심판이다.

회사가 직원을 해고했다고 가정하자. 직원은 해고가 부당하다고 생각해 노동위원회에 구제를 신청한다. 노동위원회는 마치 법원처럼 그 해고가 정당한지 부당한지를 판결한다. 노동위원회의 결정은 법원의 판결과 같은 효력이 있다. 노동위원회에서 회사가 한 해고가 정당하다고 결정하면 근로자는 회사로 돌아갈 수 없다. 반면 노동위원회가 회사가 한 해고가 부당하다고 결정하면 회사는 근로자를 원직복직시켜야 한다. 회사가 이를 거부하면 이행할 때까지 이행강제금을 납부해야 한다. 그렇지 않으면 국세징수법에 따라 강제징수나 압류 등에 처해진다.

근로자는 해고당한 날로부터 3개월 이내에 노동위원회에 그 구제를 신청할 수 있다. 노동위원회는 이 해고가 부당해고인지를 판단하게 되는데 보통 2~3개월이 소요된다. 즉 근로자의 해고일을 기점으로 약 4~5개월의 기간 후에 부당해고인지가 결정된다. 부당해고라면 회사는 해고하지 않았더라면 지급해야 할 임금을 근로자에게 지급해야 한다. 일을 하지 않았음에도 연봉의 1/3에 해당하는 급여를 지급하여야 하는 것이다. 그리고 근로자를 원래 업무, 원래 지위에 복직시키고 여기에 노동위원회에 소요된 공인노무사 수임비도 추가로 부담해야 한다.

그 해고가 정당하다고 결정되더라도 근로자가 불복하면 중앙노동위원회로 가게 된다. 노동위원회는 1심에 해당하는 지방노동위원회와 2심에 해당하는 중앙노동위원회가 있다. 중앙노동위원회에서 결정이 지방노동위원회의 결정에 우선한다. 중앙노동위원회의 판단 역시 3개월 이상이 소요된다. 한 명의 직원을 해고시킴으로 인해 1년 남짓한 기간 동안 퇴사한 직원과 다퉈야 하는 것이다. 그 시간이 길어질수록 이로 인한 비용 역시 상승할 수밖에 없다.

10인 이상 사업장의 노동법

직원이 10인 이상 30인 미만인 경우 앞에서 설명한 모든 사항에 추가적으로 취업규칙에 관한 사항이 적용된다. 취업규칙이란 회사에서 직원들이 지켜야 할 직장 질서, 임금규정 등 근로조건에 관한 사항을 말한다. 취업규칙에 반드시 기재되어야 할 사항은 다음과 같다.

- 업무의 시작과 종료 시각, 휴게시간, 휴일, 휴가 및 교대 근로에 관한 사항
- 임금의 결정·계산·지급 방법, 임금의 산정기간·지급시기 및 승급昇給에 관한 사항
- 가족수당의 계산·지급 방법에 관한 사항
- 퇴직에 관한 사항

- 「근로자퇴직급여 보장법」 제4조에 따라 설정된 퇴직급여, 상여 및 최저임금에 관한 사항
- 근로자의 식비, 작업 용품 등의 부담에 관한 사항
- 근로자를 위한 교육시설에 관한 사항
- 출산전후휴가·육아휴직 등 근로자의 모성 보호 및 일·가정 양립 지원에 관한 사항
- 안전과 보건에 관한 사항
    - 근로자의 성별·연령 또는 신체적 조건 등의 특성에 따른 사업장 환경의 개선에 관한 사항
    - 업무상과 업무 외의 재해부조災害扶助에 관한 사항
    - 직장 내 괴롭힘의 예방 및 발생 시 조치 등에 관한 사항
    - 표창과 제재에 관한 사항
    - 그 밖에 해당 사업 또는 사업장의 근로자 전체에 적용될 사항

취업규칙이 중요한 이유는 탄력적 근로시간제, 선택적 근로시간제, 보상휴가제 등 노동법에서 정한 다양한 제도가 반드시 포함되어야 하기 때문이다. 이러한 제도들을 취업규칙에 넣기 위해서는 근로자 대표의 동의를 받아야 하는데 이때 근로자 대표는 노동조합이 있으면 그 노동조합을, 없으면 근로자 과반수를 대표하는 자를 선출해야 한다. 취업 규칙은 회사 내에서 법처럼 작용한다.

30인 이상 사업장은 모든 노동법을 전부 다 적용받는다. 그중 주목

할 부분은 노사협의회다. 노사협의회는 노동조합과는 다르다. 노동조합이 2명 이상 근로자가 원할 경우에 설립될 수도 있는 임의적인 조직이라면, 노사협의회는 30인 이상인 회사라면 반드시 설치하여야 하는 의무적인 조직이다.

노사협의회는 근로자와 사용자를 대표하는 같은 수의 위원으로 구성하여야 한다. 각 3명 이상 10명 이내이기 때문에 최소 6명에서 최대 20명의 위원으로 운영되는 큰 협의체다. 노사협의회는 3개월마다 회의를 개최하고 그 회의록을 보관해야 한다. 실무에서 이 회의록이 있는지 여부를 살피기 때문에 정기적으로 회의를 하는 것이 중요하다.

노사협의회의 안건은 회사 내의 모든 사항을 다룰 수 있다. 직장 내 성희롱이나 괴롭힘 등이 발생했을 때 노사협의회의 고충처리위원에 신고할 수 있다. 회사의 인사팀에게 말하기 어려운 문제들을 노사협의회를 통할 수 있어 좋은 제도라고 할 수 있다.

회사를 살리는 고용지원금

회사에서 사용하는 근로자 수가 많을수록 지켜야 하는 노동법상 의무가 무척이나 커진다. 그러다 보니 사업주의 입장에서는 사업이 잘 되더라도 직원을 적극적으로 채용하기 꺼려지는 게 현실이다. 정규직보다는 근로계약기간이 1년 내외인 기간제근로자를 채용하려 하고 1주 40시간 근무하는 통상근로자보다는 15시간 미만의 초단시간근로자를 채용하려고 한다. 이러한 회사의 부담을 덜어주고자 정부에서는 다양한 고용지원정책을 만들어 운영하고 있다. 그중 효과가 크고 실무에서 가장 와닿는 정책들 위주로 소개한다.

두루누리 사회보험 지원제도

앞에서 설명한 것처럼 근로자 수가 10인 미만이고, 신규가입 근로자의 월평균보수가 270만 원 미만(2025년 기준)이라면 지원 혜택을 받을 수 있다. 신규가입 근로자의 고용보험과 국민연금 보험료의 80%를 36개월간 지원해 준다.

청년일자리도약장려금

청년일자리도약장려금은 만 34세 이하의 청년을 채용한 회사에게 인건비를 지원하는 제도로 두 가지 유형이 있다. 첫 번째 유형은 5인 이상 우선지원대상기업에서 취업애로청년을 정규직으로 채용하고 6개월 이상 고용유지 시 최장 1년간 최대 720만 원 지원한다. 두 번째 유형은 빈일자리 업종의 우선지원대상기업에서 청년을 정규직으로 채용 후 6개월 이상 고용유지 시 최장 1년간 최대 720만 원 지원하고, 해당 빈일자리 기업에서 18개월 이상 재직한 청년에게 480만 원을 지원한다.

우선지원대상기업은 업종별로 차이는 있지만 상시근로자수가 100명 이하이면 해당되기 때문에 대부분의 중소기업은 우선지원대상기업에 해당한다. 빈일자리 업종은 제조업 등을 말한다.

취업애로청년은 다음 중 어느 하나에 해당하면 된다. 고용24를 통해 구인신청하면 취업애로청년에 해당하는 구직자인지 확인하기 쉽다.

- 연속하여 4개월 이상 실업상태에 있는 청년
- 고졸 이하 학력인 청년
- 고용촉진장려금 지급대상이 되는 청년
- 국민취업지원제도에 참여하거나, 미래내일일경험지원·일학습병행 사업을 수료한 후 최초로 취업한 청년
- 청년도전지원사업 수료 청년
- 자립준비청년, 보호연장청년, 청소년복지시설 입퇴소 청년 등 가정과 학교의 보호를 받지 못하여 안정적인 자립을 위한 정부 지원의 필요성이 인정되는 청년
- 북한이탈청년
- 자영업 폐업 이후, 최초로 취업한 청년
- 최종학교 졸업일 이후 채용일까지 고용보험 총 가입기간이 12개월 미만인 청년

고용촉진장려금

지원요건에 해당되는 구직자를 신규 고용하여 6개월 이상 고용을 유지한 사업주에 대해 근로자 1인당 연간 720만 원(대규모 기업은 360만 원)을 지원한다. 고용24를 통하면 고용촉진장려금의 지원대상이 되

는 구직자인지 확인하기 쉽다.

지원한도는 고용보험 피보험자 수가 10명 미만인 경우에는 3명, 10명 이상인 경우에는 피보험자수의 100분의 30에 해당하는 인원으로 30명까지 가능하다.

경력단절여성 채용지원금

새일센터에 구직 등록한 경력단절여성을 인턴으로 3개월 채용하면 기업은 240만 원의 지원금을 받는다. 또 경력단절여성을 고용하여 1년 이상 근로계약을 유지하면 인건비의 100분의 30에 상당하는 금액의 소득세 또는 법인세를 공제받을 수 있다.

고령자 고용지원금

만 60세 이상인 근로자와 1년을 초과하는 근로계약을 체결하면 1인당 분기마다 30만 원을 최대 2년간 지원받는다. 만 60세 이상인 근로자는 국민연금을 납부하지 않기 때문에 4대 보험료 절감 효과도 함께 누릴 수 있다.

일·가정 양립 환경개선 지원

선택근무, 재택근무, 원격근무, 시차출퇴근제와 같이 유연근무를 도입하고자 하는 기업에 활용하는 근로자 1명당 연 최대 360만 원의 지원금을 받을 수 있다. 유연근무나 재택근무 등을 위한 시스템 구축을 위한 비용을 지원받을 수도 있다. 사업주 투자비용의 50~80% 이내의 범위에서 최대 2천만 원까지 지원받을 수 있다.

연봉 3,600만 원 직원에게 연간 지출되는 비용은?

월급 300만 원인 근로자를 채용하면 회사는 실제 비용을 얼마나 지출해야 할까? 단순히 지출액이 300만 원이라고 생각하는 사업자는 없

세전 월 300만 원인 직원의 급여명세서
(단위: 원)

구분(2025년 기준)	근로자 수령액	사업자 부담액
세전 지급액	3,000,000	3,000,000
근로소득 원천징수세액(100%)	-74,350	
근로소득 지방소득세	-7,430	
국민연금(근로자·사업자분 각 4.5%씩)	-135,000	+135,000
건강보험국민연금(근로자·사업자분 각 3.545%씩)	-106,350	+106,350
장기요양보험(건강보험료의 12.95%)	-13,770	+13,770
고용보험(근로자 0.9%, 사업자 1.15%이상)	-27,000	+34,500
실제 수령액(차인 지급액)	2,636,100	3,289,620

겠지만, 실제 지출액이 얼마인지 숫자로 확인하면 와닿는 부담이 다를 수 있다.

세전 월 300만 원의 급여 계약을 한 직원이 원천세와 4대 보험을 공제하고 실제 가져가는 급여는 약 263만 원이고, 사업자가 4대 보험 부담분을 포함해 실제 지출하는 금액은 약 328만 원이다. 업종에 따라 사업자가 전액 부담하는 산재보험료를 제외한 금액이 이 정도이므로 이를 포함하면 지출액은 더욱 많아진다.

실상이 이렇다 보니 같은 사업장에서 일하는 사업자와 직원은 동상이몽을 할 수밖에 없다. 직원은 10% 이상이나 되는 4대 보험료와 원천세를 차감한 급여가 적다고 느낄 것이고, 사업자는 급여의 10%가량이나 되는 4대 보험료도 더 지불해야 하는 상황이니 서로가 생각하는 급여의 차이는 무려 20%가 되는 셈이다.

여기서 사업자는 1년 이상 근무자에게 퇴직금 지급과 함께 연차휴가를 다 쓰지 않고 퇴사 시 연차휴가수당도 정산하여 지급해야 한다. 나아가 사업장에서 지원하는 점심 식사비용, 작업복 등의 실비변상적 지출과 명절 상여금 등 복리후생 목적의 지출도 고려해야 한다. 그러므로 월 300만 원 급여자를 채용하면서 단순히 연봉 3,600만 원을 지출하겠다고 생각하는 것은 사업자의 적절한 자금운용 지식이 아니다.

간단히 항목들만 더해도 연봉 3,600만 원의 근로자에게 연간 지출되는 비용은 세전 급여에서 30%가량이 증가된 약 4,660만 원으로 예상할 수 있다. 이렇게 수치로 확인하면 사업자가 예상한 금액보다 차

> **연봉 3,600만 원 근로자의 연 예상 지출액**
>
> 1. 연봉 3,600만 원
> 2. 사업자 추가부담 4대 보험료 360만 원 예상
> 3. 1년 만기 근무 시 퇴직금 300만 원 예상
> 4. 연차휴가수당 등 수당 관련 추가 지출비용 200만 원 예상
> 5. 식사비용, 작업복, 명절 상여금 등 복리후생 목적의 지원비용 200만 원 예상
> 6. 합계: 약 4,660만 원

이가 커서 대부분 깜짝 놀란다. 직원을 고용하기 전에 사업주가 반드시 따져봐야 할 지점이다.

그렇다면 월급 300만 원인 직원은 회사에 얼마의 매출 기여를 해야 할까? 직원이 회사에 얼마를 벌어줘야 한다는 명확한 기준은 없다. 직원의 생산성은 산업별로 천차만별이고, 직무별로도 다르다. 예를 들어 금융업은 업황에 따라 다르지만 일반적으로 1인당 이익이 높은 편이다. 반면 서비스업은 상대적으로 이익폭이 작다. 원재료 원가가 높아 영업이익을 내기 힘든 음식료 부문 사업이라면 직원이 연봉만큼 이익을 내줘도 괜찮은 수준이라고 답한다. 반면 전문직과 같이 자산이 사람과 지식뿐인 곳에서는 연봉의 3배는 벌어줘야 의미가 있다고 말하기도 한다.

여러 기준 중에서 본인 사업영역은 어떠한지를 명확하게 파악한 후 채용을 고민하여야 하지만 일반적으로 근로자 연봉의 2배가 매출로 돌아오면 손익분기점에 가깝고, 3배의 매출을 보이면 회사에 어느 정도 수익이 남는다고 볼 수 있다.

가족을 직원으로 채용한다면?

처음 사업장을 운영하면 가장 큰 조력자는 역시 가족일 수밖에 없다. 사업장에서 가족이 실제로 근무를 한다면 정식으로 급여를 지급하여야 하며, 이때 가족에게 지급하는 급여는 타 직원과 비교하여 너무 높지 않은 금액으로 책정하는 것이 바람직하다. 「법인세법」에서는 지배주주 및 그와 특수 관계에 있는 임원·사용인에게 정당한 사유 없이 동일 직위에 있는 지배주주 등 외의 임원·사용인에게 지급하는 금액을 초과하여 보수를 지급하는 경우 그 초과금액을 경비로 인정해 주지 않기 때문이다.

4대 보험 신고 및 근로소득을 지급은 물론이고 신고하지 않는 것도 방법이다. 근로자가 아닌 가족의 조력으로 보아 4대 보험의 부담을 줄이는 방법이 되기 때문이다.

좋은 직원을
어떻게 채용할까?

좋은 직원은 과연 어떤 직원일까? 업무 경험이 충분한지, 학력이 높은지, 외모가 출중한지 등을 떠올릴 수 있다. 아주 틀린 것은 아니다. 하지만 무조건 맞다고도 할 수 없다. 막연히 '좋다'라는 것은 모호하고 불명확한 느낌이다. 성격 좋은 사람을 뽑았는데 일을 못하면 어떻게 할 것인가? 능력 좋은 사람을 뽑았는데 정작 필요로 하는 업무는 못하면 어떻게 할 것인가? 아름다운 외모를 가진 사람을 뽑은 것이 어떻게 좋다는 것인가? 채용의 목적은 일할 사람을 뽑는 것이기 때문에 '어떤 일'을 시킬 것인가를 먼저 결정해야 한다.

예를 들어 음식점에서 '조리 및 설거지'를 수행할 직원을 뽑기 위해 채용공고를 냈다고 가정해 보자. 자격조건은 '남녀 무관, 위생 개념 있고 성실한 분, 손 빠른 분'이다. 이 채용공고로 입사한 직원이 "재료 손질은 포함되어 있지 않으니 하지 않겠다"라고 하면 뭐라고 답변할 것인가? 음식을 조리하기 위한 재료 손질은 당연히 포함된 것이라고 답변해 보자. 직원이 "이전에 근무하던 식당에서는 업무 편의를 위해 깨끗한 재료만 수급했다"며 재료 손질을 하지 않으면 어떻게 할 것인가? 사장이 시키니까 하기는 하는데 근무태도가 마음에 들지 않으면 어떻게 할 것인가? 또 채용면접에서 직원이 스스로 '손이 빠른 조리사'라고 답변해서 뽑았는데 기대했던 것보다 느려서 주문이 밀리면 어떻게 대처할 것인가? "그런 직원은 안 뽑으면 된다"고 답할 수 있다. 하지만 현실적으로 같이 일하기 전에는 직원의 진짜 모습이 어떤지 알 수 없다. 그렇기 때문에 '어떤 일'을 시킬지를 구체적으로, 정확하게 채용공고에 표시하는 것이 중요하다. 구체적이고 정확한 직무를 표기하기 어렵다면 NCS National Competency Standards 국가직무능력표준 사이트(https://www.ncs.go.kr)의 도움을 받자.

NCS에는 이미 모든 직무에 대한 분석과 그 직무를 수행하기 위한 직무수행능력이 공개되어 있다. 직장인으로서 갖추어야 하는 직업기초능력, 즉 의사소통능력, 문제해결능력, 자기개발능력, 대인관계능력, 정보능력, 기술능력, 직업윤리는 물론 실제 그 업무를 잘 수행하기 위한 직무수행능력까지 쉽게 확인할 수 있다.

NCS에서는 직무수행평가에 대한 결과표도 제공하고 있다. 예를 들어 한식조리사로서 구체적으로 어떤 업무를 수행해야 하는지에 대한 내용과 그 업무를 얼마나 잘 수행할 수 있는지를 자동으로 채점해서

NCS 직무능력진단 예시

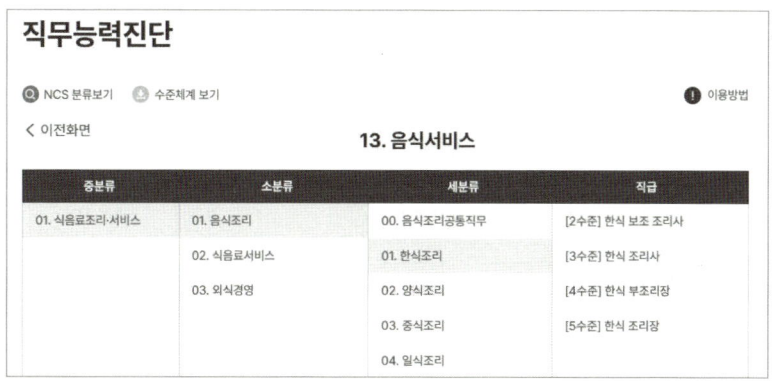

NCS 직무수행능력 예시

영역		문항	매우 미흡	미흡	보통	우수	매우 우수
음청류조리	음청류 재료 준비하기	재료에 따라 요구되는 전처리를 수행 할 수 있다.	○	○	●	○	○
		음청류의 종류에 맞추어 도구와 재료를 준비할 수 있다.	○	○	●	○	○
		조리에 사용하는 재료를 필요량에 맞게 계량 할 수 있다.	○	○	●	○	○
	음청류 조리하기	음청류의 주재료와 부재료를 배합할 수 있다.	○	○	●	○	○
		음청류 종류에 따라 끓이거나 우려낼 수 있다.	○	○	●	○	○
		음청류의 종류에 따라 냉, 온으로 보관할 수 있다.	○	○	●	○	○
		음청류에 띄울 과일, 꽃, 보리, 떡, 원소병 재료 등을 조리법대로 준비할 수 있다.	○	○	●	○	○
		끓이거나 우려낸 국물에 당도를 맞출 수 있다.	○	○	●	○	○
	음청류 담기	음청류에 따라 색, 형태, 분량 등을 고려하여 그릇을 선택할 수 있다.	○	○	●	○	○
		그릇에 준비한 재료와 국물을 비율에 맞게 담을 수 있다.	○	○	●	○	○
		음청류에 따라 고명을 사용할 수 있다.	○	○	●	○	○
한식 조림· 초조리	조림·초 재료 준비하기	양념장 재료를 비율대로 혼합, 조절할 수 있다.	○	○	●	○	○
		조림·초 조리의 재료에 따라 전처리를 수행할 수 있다.	○	○	●	○	○
		필요에 따라 양념장을 숙성할 수 있다.	○	○	●	○	○
		조리에 사용하는 재료를 필요량에 맞게 계량할 수 있다.	○	○	●	○	○
		조림·초 조리에 따라 도구와 재료를 준비할 수 있다.	○	○	●	○	○
	조림·초 조리하기	조리종류에 따라 준비한 도구에 재료를 넣고 양념장에 조릴 수 있다.	○	○	●	○	○
		조리종류에 따라 국물의 양을 조절할 수 있다.	○	○	●	○	○
		재료가 눋어붙거나 모양이 흐트러지지 않게 화력을 조절하여 익힐 수 있다.	○	○	●	○	○

그 수준이 어느 정도인지 객관화된 지표까지 제공하고 있다.

NCS 직무수행평가 결과 예시

[3수준]한식 조리사 체크리스트 진단결과 통과하였습니다.
승진 직급리스트에서 직급명을 선택하시면 경로설정화면으로 이동합니다.

| 평가결과

영역	점수
직업기초능력(A)	63
직무수행능력(B)	69
합계(A+B)/2	66

좋은 직원은 경력, 학력처럼 쉽게 표현할 수 없다. 좋은 직원을 어떻게 채용하는지에 대한 방법은 채용 과정에 있다. 어떤 일을 맡길지 명확히 정하고, 채용공고에 수행할 업무가 잘 드러나는지, 면접 과정에서 제대로 평가했는지, 그러한 사항이 실제로 근무할 때 드러나는지 등 여러 단계를 거쳐야 한다. 좋은 직원은 한 개인의 특징이 아니라 '어떤 채용 과정'을 거치는가에 따라서 얻을 수 있다는 점을 명심하자.

최근에는 이직, 즉 경력직원의 이동이 많은 편이다. 헤드헌팅업체를 이용하면 다소 비용은 발생하지만 동종업계 혹은 다른 업종에서 동종직무를 수행하는 직원을 한꺼번에 비교해서 채용할 기회가 있는 장점이 있다.

직원추천제Employee Referral는 우리 회사에 재직 중인 직원들이 구직자를 추천하는 제도다. '직원이 추천한다'는 그 자체가 회사에 대한 만족도가 높고 조직충성도가 높다는 하나의 증거가 된다. 불만이 있는 직원이 자기 이름을 걸고 새로운 직원을 추천할 가능성이 낮기 때문이다. 또한 지인의 추천으로 입사한 직원 역시 회사에 잘 적응할 가능성이 높아 사업주들이 선호하는 구직 방식이다.

직원을 채용할 때 고려해야 할 것들

신입직원을 채용하는 게 좋은지, 경력직원을 채용하는 게 좋은지는 회사 사정에 따라 달라진다. 경력을 채용하고자 했으나 신입직원만 지원할 수도 있고, 고연봉의 경력직원을 뽑았는데 기대치에 못 미치는 경우도 있다. 이미 재직하는 직원들의 연령대나 경력 등을 고려해 경력직원 채용을 꺼릴 수도 있고, 당장 실무에 투입하기를 원해서 신입직원의 지원을 기피할 수도 있다. 따라서 무엇이 더 좋고 나쁜지는 일괄적으로 답변할 수 없다. 다만 신입직원과 경력직원의 채용 시 고려사항은 달라야 한다.

신입직원은 원칙적으로 경력이 없다. 말 그대로 '처음 들어온' 직원이기 때문에 회사와 일에 적응을 해야 한다. 인턴이나 아르바이트 등 유사한 직무에서 일한 경험이 있다면 회사에 적응하기가 상대적으로 쉽다. 신입직원을 채용할 때는 회사에 잘 적응할 수 있는지와 일에 잘 적응할 수 있는지 두 가지 모두를 살펴야 한다.

경력직원은 실무에 당장 투입할 수 있다는 점이 가장 큰 장점이다. 반면 회사에 적응하는 것이 의외로 어려울 수 있다. 이전의 회사와는 잘 맞았지만 우리 회사와는 잘 안 맞을 수 있다는 말이다. 이를 '조직적합도'라고 하는데 '회사와 직원이 얼마나 잘 맞느냐fit'의 개념이다. 경력기술서만으로는 조직적합도가 높은지 확인하기가 어렵기 때문에 면접에 공을 들여야 한다. 채용 여부를 결정할 대표의 의견은 물론 실제로 함께 근무할 직원의 의견을 듣는 과정도 도움이 된다.

경력직원을 채용함에 있어 경력기술서의 제출을 요청할 수 있다. 경력기술서는 이전 직장에서 수행한 업무의 종류와 그 업무에서 어떤 역할을, 어느 수준에서 수행하였는지를 적은 서류다. 이직하고자 하는 직원의 입장에서 썼기 때문에 실제 수행업무에 대한 이해도가 높은 것이 장점이다. 반면 이직하고자 하는 욕심에 실제 성과보다 과장해서 표현할 수 있다. 경력직원을 채용할 때는 이전 직장에 연락해서 직원에 작성한 경력기술서의 사실 여부를 확인할 수도 있다. 이전 직장에서 얼마나 성실하게 답변할지 확신할 수 없지만 업무 태도 및 성과 등을 유추할 수 있는 좋은 자료가 된다.

공개채용으로 채택하든, 직원 추천으로 활동하든, 어떤 방식의 채용에서 빠지지 않는 단계는 바로 '면접'이다. 서류에 기재된 사항만으로 확인할 수 없는 것들을 구인자와 구직자 간의 대화로 확인할 수 있다.

면접을 비롯한 채용 시 주의할 사항에 대해 더 자세히 알아보자.

1. 채용공고 및 지원서 접수 시 주의사항

직원을 채용하려는 회사는 구직자들에게 잘보이고 싶은 마음에 실제보다 다소 과장되게 '좋은 회사'임을 알리는 경우가 있다. 일종의 회사 광고인 셈이다. 하지만 지나치게 과장한 나머지 '거짓'이 되면 곤란하다. 채용절차법(「채용절차의 공정화에 관한 법률」의 약칭으로 이하에서는 '채용절차법'이라 함)에서는 거짓 채용광고를 할 경우 5년 이하의 징역 또는 2천만 원 이하의 벌금에 처하도록 규정하고 있다. 채용인 척 구직자의 아이디어를 훔치거나 사업장 홍보 목적으로 채용하는 것 역시 금지된다. 구직자의 저작권 등 지식재산권을 회사에 귀속시키도록 강요하여서도, 채용공고에 게시한 바와 달리 불리한 조건으로 근로계약을 체결하려는 것도 안 된다. 채용 이후에 근로조건을 불리하게 변경하는 경우도 금지된다.

직무수행과 무관한 정보를 채용에 필요한 기초심사자료로 요구하는 것도 금지된다. 예를 들어 특정 지역 출신인지, 결혼은 했는지, 키·체중 등 신체적 조건이나 가족관계 등의 정보를 요구하면 안 된다는 것이다.

이와 같은 채용절차법은 30인 이상인 사업장에만 적용된다. 30인 미만인 사업장의 경우 채용절차법에 따른 벌금 등은 제외되지만 고용노동부 차원에서 최대 500만 원의 과태료가 부과될 수 있다.

2. 채용 단계에서 주의사항

채용 과정에서 부당한 청약이나 압력, 강요 등을 하거나 채용과 관련돼 금전, 물품, 향응 또는 재산상의 이익을 제공하거나 수수하는 것이 금지된다. 이는 '직원추천제'를 채용할 때 문제가 될 수 있는데 회사와 근로자 사이에서 '소개비'를 받는 것은 원칙적으로 불법이다. 「직업안정법」, 「파견법」 등에 따라 일정한 요건을 갖추고 해당 허가권자에게 등록한 자만이 '돈을 받고' 일자리를 소개하는 것이 가능하다. 회사 내에서 실시하는 직원추천제는 원칙적으로 무료이어야 하고, 추천한 직원에게 포상금을 지급한다면 액수가 지나치게 크지 않아야 하며, 포상금의 지급횟수도 제한하여야 한다. 직원 추천으로 얻는 포상금의 지급액이 크고 그 횟수가 반복적이어서 '영리'로 볼 수 있으면 「근로기준법」 등에 위반되기 때문이다.

채용 심사를 이유로 구직자에게 비용을 달라고 요청해서도 안 된다. 회사가 구직자에게 면접 비용을 주는 것은 선택이지만 채용 심사 비용을 받는 것은 불법이다.

3. 채용 확정 단계에서 주의사항

채용되지 않은 구직자의 서류는 파기하거나 돌려주는 것이 원칙이다. 주소 등 개인정보가 많이 포함된 서류인 만큼 제대로 파기하지 않으면 「개인정보보호법」에 위반될 수 있다. 구직사이트를 통해 채용을 진행하는 경우는 일정 기간이 지나면 열람할 수 없도록 변경되므로 크게 신경 쓰지 않아도 된다. 그 외의 경우에는 불필요한 개인정보를 보관하지 않도록 유의하여야 한다.

　마지막으로 채용하기 전에 고용 관련 지원금을 받을 수 있는지 살펴보자. 고용 관련 지원금은 액수가 클수록 미리 준비해야 하는 경우가 많다. 예를 들어 청년일자리도약장려금은 한 명의 신규직원 채용 시 1년 간 720만 원을 지원받을 수 있는데, 고용24에서 회사가 '참여' 신청하고 '승인' 받은 후에 채용한 신규직원에 대해서만 지원금을 받을 수 있기 때문이다.

 **정말 중요한 근로계약서 작성법**

채용 여부가 결정되면 근로계약서를 작성하여야 한다. 근로계약서를 언제 써야 하는지에 대해서는 정해진 바가 없지만 입사 첫날 쓰는 게 가장 좋다. 필요한 경우 임금계약서를 별도로 작성할 수 있다.

다른 회사의 근로계약서를 수정해서 사용해도 되고 고용노동부의 표준근로계약서를 사용해도 된다. 표준근로계약서는 근로조건별로 법률상 필요한 사항이 다 들어 있어 골라서 사용하기에 편리하다. 단, 고용노동부의 표준근로계약서에는 수습기간이 없으므로 표준근로계약서 1번의 근로계약기간 옆에 '수습기간 : 3개월 이내'라고 추가하면 된다.

15시간 미만 초단시간 근로자는 물론이고 일용적 근로자도 근로계약서를 써야 한다. 그래야 나중에 임금과 관련된 갈등을 피할 수 있다.

표준근로계약서 양식 예시

표준근로계약서(작성방법)

_____(이하 "사업주"라 함)과(와) _____ (이하 "근로자"라 함)은 다음과 같이 근로계약을 체결한다.

1. 근로계약기간 : 년 월 일부터 년 월 일까지
   ※ 근로계약기간을 정하지 않는 경우에는 "근로개시일"만 기재
   ☞ 노사가 협의하여 결정하는 일을 하기로 한 기간

   수습기간: 3개월 이내

2. 근 무 장 소 :
   ☞ 일을 수행하기 위한 장소를 명기

3. 업무의 내용 :
   ☞ 어떤 일을 할지에 대한 내용을 기재

4. 소정근로시간 : 시 분부터 시 분까지 (휴게시간 : 시 분~ 시 분)
   ☞ 노사가 법정근로시간 내(하루 8시간, 주40시간)에서 하루에 몇 시간을 일할지 정한 시간을 기재휴게시간은 4시간에 30분, 8시간인 경우 1시간 이상을 주도록 소정근로시간 내에서 기재함

5. 근무일/휴일 : 매주 일(또는 매일단위)근무, 주휴일 매주 요일
   ☞ 일주일 중 어떤날에 근무할지를 명기하며, 주 중 근무하기로 한날을 만근 하였을 경우 부여하는 유급휴일(주휴일)을 어느 요일로 할지 결정하여 명기

직원과
잘 헤어지는 법

　노동법의 모든 문제는 근로계약 중에 발생하지만 그 문제가 실제로 나타나는 것은 '퇴사'할 때다. 직원 입장에서 참다 참다 참지 못하는 순간 회사를 그만두기 때문이다. 서로 얼굴을 붉히며 헤어지지 말자. 근로계약서상 회사가 갑, 직원이 을이지만 법적 분쟁이 발생하면 고용노동부는 '노동자' 편을 든다. 노동부는 직원의 실수에 대해서 크게 주목하지 않는 반면 회사가 잘못한 일은 실제 노동법 위반으로 이어지는 경우가 많다. 따라서 좋은 직원이든 나쁜 직원이든 잘 헤어지는 것이 중요하다.

퇴사 후 회사가
챙겨야 할 것들

퇴사 시기가 결정되면 사업장 자산이 되는 물건 일체를 돌려받는다. 근로복지기금, 융자금 등 회사와 관계된 미상환 금액이 있는 경우 퇴직급여에서 공제하고, 미리 퇴직증명서 및 경력증명서를 발급해 주는 것이 좋다. 사무실 입출입 및 온라인 계정 등 회사 공용 정보에 대해서는 퇴사 이후 비밀번호 재설정을 하도록 하자. 나아가 미리 업무 인수인계서 작성을 요청하고, 퇴사 2주 전에는 초안으로 작성된 자료를 보며 인수인계 사항을 같이 점검하도록 하자. 다음은 직원이 퇴사 시에 회사가 해야 할 일 혹은 회사에 발생할 수 있는 일을 정리한 것이다.

1. 퇴사 후 14일 이내

어떤 이유로든 직원이 더 이상 근무하지 않게 되면 마지막 근무일로부터 14일 이내 모든 임금을 정산하는 것이 원칙이다. 월급은 물론 시간외수당, 연차수당, 퇴직급여 등 모든 금품을 지급해야 한다.

직원들의 입사일이 다르듯이 퇴사일도 다르다. 하지만 월급은 대체로 같은 날 지급된다. 따라서 월급일에 맞추어 퇴직과 관련된 임금을 지급하는 것은 가능하다. 이 경우 퇴사하는 직원에게 "본래 급여지급 일자에 퇴직급여 등이 지급된다"고 미리 말해두어야 한다. 당사자 간에 합의된 경우에만 그 기일을 연장할 수 있기 때문이다.

종종 아무 말 없이 출근하지 않고 퇴사하는 직원들이 있다. 인수인계를 이유로 출근하라고 달래보아도 응하지 않는 경우도 있다. 이때에도 해당 급여일에 맞춰 임금을 지불하고 퇴사 후 14일 이내에 모든 금품이 지급되어야 한다. 무단결근으로 처벌할 수 있는 방법은 없지만 무단결근한 직원의 임금을 늦게 주는 회사를 처벌하는 법은 있기 때문이다.

2. 퇴사 후 다음 달 10일 이내

매달 10일은 세법상 원천세 및 4대 보험 신고 및 납부를 한다. 직원이 퇴사하면 잊지 말고 4대 보험 상실신고를 해야 한다. 늦게 신고하면 4대 보험료가 청구되는 등 불이익이 발생한다.

3. 퇴사 후 1개월 전후

직원이 퇴사하고 1개월 전후 고용노동부로부터 연락이 오는 경우가 있다. 임금체불이나 직장 내 괴롭힘 신고 때문이다. 임금체불은 임금의 전부 또는 일부가 지급되지 않았을 때를 말한다. 재직 중에 급여를 못 받은 경우는 물론 퇴사일로부터 14일 이내 퇴직금 등을 못 받는 경우도 포함된다. 임금체불은 모든 사업장에 적용되지만 직장 내 괴롭힘에 관한 규정은 5인 미만 사업장에는 적용되지 않는다.

퇴사한 직원이 고용노동부를 통해 임금체불 진정(일종의 '신고')을 하는 경우 고용노동부는 이에 대해 조사를 하고 그에 따라 종결하거나 재진정을 하게 된다. 다시 조사해도 결과가 바뀌지 않거나 양 당사자 중 일방이 인정하지 못하면 검찰에 송치하여 조사하는 등의 절차가 반복된다. 임금체불은 위반하는 회사에 징역과 벌금이 모두 부과될 수 있지만 근로자가 처벌불원서를 제출하면 갈등은 즉시 해결된다. 따라서 회사의 임금체불이 어느 정도 사실이라면 최대한 빠르게 미지급금액을 지급하고 처불불원서를 받아 사건을 해결하는 것이 합리적인 선택이다.

근무시간을 초과해서 근무했음에도 그에 대한 임금을 받지 못했다는 것이 '시간외수당', 사용하지 못한 연차유급휴가만큼 수당으로 지급해 달라는 것이 '연차수당'이다. 5인 미만 사업장에서 근무시간을 초과해서 근무하는 경우 '50% 가산하는 부분'이 적용되지 않는 것이지 '초과 근무'에 대해서는 임금을 지급해야 한다. 시간외근무는 당사자 간의 합의에 따라 진행된다. 여기에서 '합의'라 하면 회사가 직접적으로 시킨 경우는 물론 회사가 아무 말 없이 직원의 시간외근무를 인정한 경우도 해당한다. 이러한 합의의 법적 성격 때문에 고용노동부에 진정이 접수되면 시간외수당 미지급으로 인한 임금체불이라고 결론나는 경우가 많다.

5인 미만 사업장이라면 연차수당이 적용되지 않는다. 또 사업장의 크기와 관계없이 초단시간 근로자는 연차수당이 적용되지 않는다. 그 외에는 연차유급휴가가 발생하므로 연차수당 미지급으로 인한 임금체불이 될 수 있음에 유의하여야 한다.

5인 이상 사업장부터는 직장 내 괴롭힘이 금지된다. 직장 내 괴롭힘은 퇴사 전후로 가장 많은 문제를 야기시킨다. 직장 내 괴롭힘은 그

행위를 한 가해근로자의 잘못이지만, 노동법은 가해근로자를 제대로 관리하지 않은 회사에 책임을 묻는다. 직장 내 괴롭힘 금지는 반의사불벌죄가 아니다. 즉 잘못이 있으면 신고한 피해근로자와 합의하더라도 벌칙규정이 적용된다. 고용노동부의 조사에 성실히 응하면서 회사에서 적절한 조치를 취했음을 강조하는 것이 중요하다.

4. 퇴사 후 3개월 이내

5인 이상 사업장의 직원이 퇴사하고 3개월 이내에 지방노동위원회로부터 사건접수 문서가 온다면 퇴직직원의 퇴사사유가 '해고'이고, 그 해고가 '부당하다'는 내용일 것이다. 퇴직직원의 부당해고 등 구제신청이 지방노동위원회를 거쳐 회사에 도달한 것이다. 부당해고사건은 회사 스스로 대응하기 어렵다. 지방노동위원회의 요청에 응답하지 않으면 회사의 잘못으로 보는 점, '정당한 해고'라는 것을 입증하기 어려운 점, 행정심판이지만 소송과 유사하여 스트레스가 예상보다 매우 크다는 점 등이 그 이유다. 이런 경우는 반드시 공인노무사와 상담을 통해 해결하는 것을 추천한다.

사직과 해고의 차이

직원이 회사를 그만두는 이유는 여러 가지가 있지만 노동법적으로는 크게 세 가지로 구분한다. 사직, 해고 그리고 합의해지다. 비슷하지만 이 셋은 무척 다르며 어떻게 근로관계가 종료되는지에 따라 회사가 해야 할 일이 다르다.

1. 사직

근로자가 원해서 회사를 그만두는 것이 '사직'이다. 사직은 언제든지, 어떠한 이유나 어떠한 형태로도 가능하다. 출근하자마자 퇴사하겠다고 하는 것도 가능하고, 그냥 그만두는 것도 가능하며, 아무 말 없이 근무하지 않는 것도 가능하다. 회사에 피해를 주더라도 직원이 그만두면 회사는 손쓸 방법이 없다. 노동법에서 가장 나쁘다고 보는 것이 '강제 근로'이기 때문이다.

그만두겠다는 직원을 막을 방법은 없다. 다만 직원이 사직한다는 뜻을 잘 보관해 둬야 한다. 전화 내용을 녹음하든, 메신저를 저장하든, 사직서를 받아두든 근로자가 회사를 퇴사하겠다고 먼저 뜻을 정한 부분임을 증명해야 되는 순간이 올 수도 있기 때문이다.

2. 해고

회사의 필요로 근로자가 퇴사하는 것이 '해고'다. 해고는 잘해야 한다. 요건을 맞추어 제대로 된 해고를 하지 않으면 그 해고는 없었던 것이 될 뿐만 아니라 상당한 금액을 지급하고 다시 회사로 복직시켜야 한다.

정당한 해고가 되려면 어떻게 해야 될까? 먼저 해고의 사유가 정당해야 하고, 해고 절차를 준수해야 하며, 그 시점이 해고금지기간이 아니어야 한다. 세 가지 요건을 모두 갖추어야만 정당한 해고이고 단 한 가지라도 누락하면 그 해고는 부당해고가 된다.

정당한 해고의 사유는 학력이나 경력에 거짓이 있거나, 무단결근하거나, 근로자의 책임으로 사회통념상 근로계약을 계속할 수 없을 정도를 말한다. 일을 너무 못해서 해고하는 것은 가능하다. 회사에 피해를 주어서 해고하는 것도 가능하다. 다만 일을 '얼마나 너무 못했는지'는 회사가 증명해야 한다. 문제는 이것을 증명하는 것이 매우 어렵다는 점이다. 또 해고 사유와 해고 시기를 문서로 통지해야 한다. 문자, 이메일 등은 물론 말로 하는 것도 안 된다. 그 자체로 절차 위반이다.

마지막으로 산재기간과 그 후 30일, 출산전후휴가와 그 후 30일, 육아휴직기간은 어떠한 일이 있어도 해고시킬 수 없다. 이 시기에 해고했다는 것 자체로 부당해고이기 때문이다. 구체적인 사항은 회사마다, 근로자마다 다르지만 '정당한 해고'를 하는 것은 굉장히 어렵고, 이를 입증할 만한 서류도 회사가 준비해야 한다.

해고가 부당한지 여부와 관계없이 해고를 할 때 '해고예고수당'이 발생할 수 있다. 5인 미만 사업장에서 부당해고를 다툴 수 없는 것과 달리 해고예고수당은 모든 사업장에 적용된다. 해고의 통지를 '종이'에 해야 되는 것과 달리 해고의 '예고'는 말로 하든, 종이로 하든, 메시지로 하든 방법의 제한이 없다. 현실에서는 성실근무를 독려하려고 말을 꺼냈다가 직원이 그 말을 '그럴 거면 그만두라고? 이거 해고네'라고 받아들일 수도 있다. 쓴 소리 한 번 했다가 예고 없이 해고한 것이 되어 30일 치의 해고예고수당을 지급해야 되는 경우가 실제로도 종종 발생한다. 따라서 해고를 하기로 결심했다면 30일 전에 "다음 달 말일까지 근무해 주세요"라고 정확히 말을 해야 '해고일로부터 30일 전'이라는 요건을 충족시킬 수 있다.

3. 합의해지

회사와 근로자가 서로 마음이 맞아 퇴사하기로 결정하는 것이 합의해지다. 이는 노동법상 해고의 제한을 적용받지 않는다. 문제는 현실에서 해고와 합의해지를 구분할 수 없다는 데 있다. 회사는 서로 마음이 맞았다(합의해지)고 생각했지만 근로자는 나가라(해고)고 했다는 것이다. 합의해지로 퇴사한 직원이 노동위원회에 부당해고구제신청을 하는 경우 대체로 해고로 취급된다.

합의해지가 효력을 발휘하기 위해서는 '합의해지서'를 명확하게 작성하는 수밖에 없다. 가장 대표적인 것이 장기근속자의 '명예퇴직' 내지 대기업의 '희망퇴직'이다. 회사가 희망퇴직공고를 게재하고 신청한 사람들 중 일부가 합의금을 받고 퇴사하는 것이다. 이 외에는 명확한 합의해지를 입증하는 것이 어렵기 때문에 주의해야 한다.

실업급여와 고용지원금

실업급여는 고용보험을 가입한 근로자가 퇴사하고 다시 취업하기 전에 받을 수 있는 생계비지원제도다. 근로자가 6개월 이상 재직하면 4개월치 실업급여를 받을 수 있는데 회사는 불이익 없이 근로자를 해고할 수 있고, 근로자는 4개월의 유급휴가를 얻는 셈이 된다. 마치 설탕물처럼 달콤해서 시럽syrup급여라는 별명이 있다. 본래 실업급여의 목적과 달리 악용하는 경우가 많아져서 최근에는 부정수급에 대한 조사가 엄격해졌다.

실업급여 부정수급이 되면 지급받은 실업급여를 반환해야 함은 물론 벌금 등의 불이익도 있다. 고용지원금의 종류마다 다르지만 사업주가 고용지원금을 받는 중에 직원이 실업급여를 지급받을 수 있는 사유(대표적으로 해고, 권고사직에 해당함)로 퇴사하면 회사의 고용지원금 지원 혜택이 중지된다. 사업주의 고용지원금과 근로자의 실업급여는 모두 같은 재원을 사용하는 고용보험금의 일부이기 때문이다.

두루누리 사회보험료 지원사업은 고용보험 상실사유와 무관하게 지원된다. 그에 반해 청년일자리도약장려금은 고용보험 상실사유에 따라 지원여부가 달라진다.

직원이 퇴사하면 퇴사한 달의 다음 달 10일까지 4대 보험 상실신고를 해야 한다. 특히 고용보험 상실신고 시에는 상실사유와 그에 따른 상실코드를 기재하도록 되어 있다. 정확한 사유로 상실신고를 해야 고용지원금 혜택이 중지되지 않기 때문에 유의하도록 한다.

 **퇴직금을 중도정산하려면?**

간혹 직원이 퇴직금 중간정산을 요청하는 경우가 있다. 그러나 퇴직금 중간정산은 아래의 요건에 해당하는 경우에만 가능하고, DB형 퇴직연금은 중간정산 자체가 불가능하다. DC형 퇴직연금은 이하의 5호 내지 7호에 해당되는 경우에만 예외적으로 허용된다.

1. 무주택자인 근로자가 본인 명의로 주택을 구입하는 경우
2. 무주택자인 근로자가 주거목적으로 전세금, 보증금을 부담하는 경우(근로기간 중 1회로 한정)
3. 6개월 이상 요양을 필요로 하는 본인, 배우자, 본인 또는 그 배우자의 부양가족 어느 하나에 해당하는 사람의 질병이나 부상에 대한 의료비를 해당 근로자가 본인 연간 임금총액의 1천분의 125를 초과하여 부담하는 경우
4. 퇴직금 중간정산을 신청하는 날부터 거꾸로 계산하여 5년 이내에 근로자가 「채무자 회생 및 파산에 관한 법률」에 따라 파산선고 또는 개인회생절차개시 결정을 받은 경우
5. 사용자가 기존의 정년을 연장하거나 보장하는 조건으로 단체협약 및 취업규칙 등을 통하여 일정나이, 근속시점 또는 임금액을 기준으로 임금을 줄이는 제도를 시행하는 경우
6. 사용자가 근로자와의 합의에 따라 소정근로시간을 1일 1시간 또는 1주 5시간 이상 단축함으로써 단축된 소정근로시간에 따라 근로자가 3개월 이상 계속 근로하기로 한 경우
7. 재난으로 피해를 입은 경우로서 고용노동부장관이 정하여 고시하는 사유에 해당하는 경우

아르바이트와 프리랜서,
무엇이 다를까?

고용 형태는 아르바이트, 일용직, 프리랜서 등 다양하게 나뉘는데, 각 형태에 따라 적용되는 법의 범위도 다르다. 이를테면 아르바이트와 일용직은 노동법이 적용되고, 프리랜서는 민법이 적용된다. 아르바이트는 근로시간이 짧은 단시간근로자로서 근로기준법을 비롯한 노동법 전부가 적용된다. 일용직근로자는 일일단위로 근무하는 기간제근로자로서 근로기준법을 비롯한 노동법 전부가 적용된다. 그에 반해 프리랜서는 민법상 도급계약을 체결한 자로서 노동법이 적용되지 않는다.

원칙적으로 노동법이 적용되는지, 민법이 적용되는지는 중요한 구분이 된다. 노동법이 적용되는 아르바이트나 일용직은 당연히 근로계약서를 작성하여야 하고, 4대 보험도 가입할 의무가 발생한다. 그에 반해 민법상 도급계약을 체결한 프리랜서는 노동법과 전혀 관련이 없다. 최저임금은 물론이고 주휴수당, 연차유급휴가, 퇴직금 등이 적용될 여지가 없다.

도급계약을 했지만 실질이 근로계약이라면 노동법이 적용되어야 한다. 계약서보다는 실제 내용이 우선한다. 프리랜서 계약을 했더라도 실제 근무내용은 '근로계약'이기 때문에 노동법이 적용되는 것이다.

그렇다면 계약의 내용 즉, 근로계약과 도급계약을 어떻게 구분할 수 있을까? 근로계약은 회사와 직원 간에 수직적인 계약을, 도급계약은 회사와 프리랜서 간의 수평적인 계약을 체결한 것으로 본다. 근무 장소, 근무 내용, 근무 시간 등을 회사가 정해주고 직원이 그에 따라야 한다면 이는 '종속적인 관계'로 보아 근로계약이다. 반면 작업 장소와 작업 내용이 정해져 있다고 하더라도 그 업무를 수행할 전문성이 있는 프리랜서에게 그 작업을 맡기면 대등한 당사자 간의 계약인 도급계약으로 본다.

실무에서는 워낙 다양한 일이 발생하기 때문에 대법원은 최소 13가지 기준으로 도급계약인지, 근로계약인지 구분한다. 그만큼 이 둘을 구분하는 것은 어렵다. 실무상 간단하게 구분할 수 있는 방법으로는 첫째 사업자등록증이 있어 업무의 전문성이 있는 자라면 도급계약으로 볼 수 있고, 둘째 사업자등록증이 없더라도 100% 재택근무를 해도 될 정도라면 프리랜서, 즉 도급계약으로 볼 수 있다. 이 외에는 대체로 근로계약을 체결한 것으로 판단한다.

실제 근로계약임에도 프리랜서 계약서를 체결하면 어떻게 될까? 최근 구인구직사이트에서는 3.3% 원천징수만 공제하는 프리랜서 계약을 체결하겠다는 내용을 쉽게 찾아볼 수 있다. 이러한 채용공고에 따라 도급계약을 체결하더라도 불법은 아니다. 다만 프리랜서 계약을 체결한 직원이 고용노동부에 진정을 제기하면 문제가 될 수 있다. 여기서 문제란 보통 돈 때문이다. 급여를 늦게 지급했다거나 적게 지급하는 등의 문제다. 주휴수당이나 해고예고수당을 달라고 요청하는 경우도 있다. 고용노동부는 그 실질이 '근로계약'이라고 판단되면 회사에게 그 책임을 묻는다.

직원을 채용하면서 '프리랜서 계약서' 하나만 작성하고 노동법을 모두 피할 수 있다고 생각하면 곤란하다. 노동법은 민법의 특별법에 해당하는데 특별법은 항상 일반법에 우선한다. '도급계약서'를 작성했어도 직원은 노동법상 근로자다. 근로자를 프리랜서 계약하면 노동법상 회사가 취해야 할 의무를 소홀히 하는 결과가 된다. 당연히 납부하였어야 할 4대 보험료는 물론 미지급임금과 과태료, 벌금 등을 일시에 부담해야 한다. 눈앞에 보이는 비용 절감을 위해 결과적으로 더 큰 불이익을 선택하는 꼴이 되는 것이다.

도급과 근로의 차이

노동법의 '근로'와 민법의 '도급'은 법률적으로는 명확히 구분된다.

근로자는 '임금'을 목적으로 회사의 지휘·감독 아래에서 일을 한다. 도급은 '일의 완성'을 목적으로 일을 한다. 근로자는 회사에서 보낸 시간만큼 임금을 받는다. 도급은 결과물이 완성되면 대금을 받는다. 즉 근로자는 일하는 데 걸린 시간, 도급은 일의 결과물에만 중점을 둔다. 도급계약을 한 자가 다른 자에게 하도급을 맡기거나, 수급사의 직원이 업무를 대신하는 것도 가능하다.

예를 들어 커피 한 잔을 제조하는데 도급을 맡기면 건당 1천 원을 지급하도록 한다고 해보자. 직원을 채용하면 1시간에 한 잔을 팔든, 100잔을 팔든 시급만 주면 된다. 그러나 도급을 맡기면 커피 잔수에 따라 지급해야 하는 보수가 달라진다. 직원이 커피가 아닌 홍차를 만들었더라도 1시간에 최저시급 이상의 임금을 지급해야 한다. 반면 도급은 커피 제조를 맡겼는데 홍차를 만든다면 보수를 삭감할 수 있다. 더 나아가 다시 커피를 만들도록 요청할 수 있고 도급자는 이에 응해야 한다.

도급과 근로는 분명 다르다. '일의 완성'을 믿고 맡길 수 있다면 도급계약, 즉 프리랜서에게 맡기는 것이 유리하다. 이때 AI를 활용하든지 다른 업체에 하청을 맡기든지 그 과정이 아닌 결과물에만 관심을 두어야 한다. 구체적인 지시와 감독을 하면 도급사와 수급사의 관계가 아닌 사용자와 근로자, 즉 '종속적인 관계에서 제공하는 근로'가 된다. 이런 경우 노동법상 회사로서 권한과 의무를 모두 부담해야 한다.

프리랜서에게 지급하는 대가는 일반적으로 사업소득에 해당하며 계약금액의 3.3%를 원천징수로 납부하고, 차액인 96.7%를 실제 지급하여야 한다. 가끔 소득을 받는 프리랜서가 원천징수 이유를 모르는 경우가 있으므로 「소득세법」에 따른 처리라는 설명을 미리 하는 것이 좋다.

프리랜서가 아니라 일시적으로 업무를 도와주는 자에게 지출되는 비용은 기타소득에 해당하게 된다. 고용 관계 없이 수당 또는 이와 유사한 성질의 대가를 받고 제공하는 용역을 말한다. '기타소득금액'은 지급하는 금액인 총수입금액에서 필요경비를 차감한 금액을 말한다. 그러나 일시·우발적으로 용역을 제공하는 기타소득의 경우에 필요경비는 대부분 존재하지 않게 된다. 이때 필요경비가 없더라도 세법에서는 지급금액의 60%에 해당하는 소정금액을 최소한의 필요경비로 인정해 주고 있다. 물론 실제 지출한 비용이 지급금액의 60%보다 크다면 실지출비용을 필요경비로 인정받을 수 있다. 이렇게 계산된 '기타소득

사업소득, 기타소득, 근로소득의 구분

소득 종류	소득 개념
사업소득	• 고용 관계없이 독립된 자격으로 계속·반복성에 의해 발생한 수입 • 원천징수: 수입금액의 3.3%(지방소득세 포함)
기타소득	• 고용 관계없이 독립된 자격으로 일시·우발적으로 발생하는 비경상적 수입 • 이자·배당소득, 사업소득, 근로소득, 연금소득, 퇴직소득·금융투자소득 및 양도소득 외의 소득을 지칭, 타 소득과 기타소득에 둘 다 포함되면 타 소득으로 분류 • 원천징수: 기타소득금액(수입금액 - 필요경비)의 22%(지방소득세 포함) • 기타소득금액이 연 300만 원 이하면 분리과세 선택이 가능
근로소득	• 고용 관계에 의한 근로 제공 • 원천징수: 근로소득 간이세액표에 따라 원천징수 • 근로소득 이외의 소득이 있다면 5월에 종합소득세 신고의무 발생

금액'에서 22%에 해당하는 세액을 원천징수로 납부하고, 차액을 기타소득자에게 지급하면 기타소득에 대한 원천징수 의무가 마무리된다.

일용직근로자를 사용하는 경우

일용직근로자는 이름에서 알 수 있듯이 '근로자'로서 노동법이 적용된다. 임시적이고 불규칙적으로 근로를 제공하기 때문에 인사 관리하는 방법뿐만 아니라 행정관청에 제출해야 하는 서류 및 제출 방식도 다른 근로자들과 다르다. 세법상 일용근로자와 노동법상 일용근로자를 판단하는 기준이 다르고, 건설일용근로자인지 그 외 업종 일용근로자인지에 따라 다르다.

일용근로자의 정의

구분	정의
세법	1. 일반: 3개월 미만의 기간 동안에 근로를 제공하는 사람 2. 건설업: 1년 미만의 기간 동안에 근로를 제공하는 사람
노동법	근로계약을 1일 단위로 체결하고, 1일 근무로써 근로계약도 종료되어 계속 고용이 보장되지 않은 자

일용근로자를 사용하면 일용근로소득지급명세서를 작성하여 세무서에 신고하여야 한다. 2025년 일용근로자의 근로소득공제는 1일

15만 원으로 근로소득간이세액표를 적용받는다.

일용근로자 원천징수 세액 계산 예시

계산구조	금액
총지급액(비과세 제외)	200,000원
(-) 근로소득공제(일 15만 원)	150,000원
(=) 일용근로 소득금액	50,000원
(×) 세율(6%)	
(=) 산출세액	3,000원
(-) 근로소득세액공제(산출세액의 55%)	1,650원
(=) 결정세액	1,350원
* 원천징수세액 = 1,350원 × 5일 = 6,750원(지방소득세 670원)	

* 일당 20만원으로 5일 근무하는 경우

소득세법상 1천 원 미만인 경우에는 세금을 납부하지 않으므로 1일 급여가 18만 7천 원 이하라면, 실질적인 원천징수세액은 발생하지 않게 된다. 일용직 근로소득자는 연말정산 대상에 해당하지 않으므로 매일 급여 지급 시 원천징수로써 모든 납세의무가 종료된다.

1. 건설일용근로자

세법상 고용주의 건설공사에 종사하는 일용근로자는 1년 이내의 기간으로 한정한다. 노동법상으로는 공사기간을 따로 제한하지 않는데 계약의 형태보다 근로의 실질이 중요하기 때문이다. 100일간 100번의 일용직근로계약서를 체결하더라도 처음 근로를 제공한 날부터 마지막 근로를 제공한 날까지를 전체로 보아 주휴수당, 연차수당, 퇴직급여 등을 산정한다. 건설일용근로자도 연장 및 야간수당 등을 포함시킨 포괄임금제가 가능하다. 하지만 주휴수당, 휴일근로수당, 연차유급휴가수당 등을 포함한 포괄임금제는 사용할 수 없다.

공사기간 중 1개월 이상 근로하면서 8일 이상 근무하면 국민연금, 건강보험, 고용보험 및 산재보험에 가입하여야 한다. 다만 건설업의 특성상 공사현장별로 각각 성립신고를 하고, 원수급인이 고용 및 산재보험에 가입한다. 도급계약을 한 하청업체들은 원수급인의 확인을 받는 절차를 거친다. 보험료도 매월 부과방식이 아닌 매년마다 개산·확정보험료 방식을 채택하고 있다. 건설업의 고용 및 산재보험은 근로복지공단에서 별도로 신고·납부해야 한다. 국민연금과 건강보험은 4대사회보험정보연계센터(www.4insure.or.kr)에서 관리 가능하다.

2. 그 외 일용근로자

고용보험 및 산재보험은 단 하루를 근무해도 가입의무가 발생하므로 고용산재보험 토탈서비스 등을 통해 근무 날짜별로 가입하고 보험료를 납부해야 한다. 고용보험은 회사와 직원이 각각 부담하고 산재보험은 회사가 전액 부담한다. 1개월 이상 및 8일 이상 근무하면 국민연금과 건강보험도 가입할 의무가 발생한다. 특히 국민연금은 1개월 이상 근무하면서 근무일수가 8회 미만이더라도 월평균 보수가 220만 원 이상인 경우에는 반드시 가입해야 하므로 유의하자.

 **인건비 세무조사 검증사항**

인건비와 관련해 세무조사를 받게 되는 경우가 있다. 이때 국세청은 다음 네 가지를 중점적으로 검증하게 된다.

1. 가족 채용시 실제 근무 여부를 사업장 불시 방문, 직원 인터뷰 등으로 확인한다. 만일 거짓으로 인건비를 지급하고 있다면 관련경비를 모두 부인당하게 된다.

2. 대학생·유학·군복무·장기 입원자에 대한 인건비 계상 여부를 확인한다. 사실상 상시근로자로 보기 어려운 신분에 있는 자에게 인건비가 지출된다면 과세관청 입장에서는 필요경비를 과대계상하기 위한 것으로 오해할 수 있다.

3. 가공인건비 확인은 사업용 계좌 출금내역과 인건비 신고내역을 통해 확인한다. 만일 근로자가 근무하지 않은 근무처의 기록을 확인하여 소득신고가 되어 있음을 확인하게 되면 '근로사실 부인신청서'를 제출하여 본인이 해당 근무처에서 근무한 적이 없다고 입증할 수 있다. 이렇게 되면 사업자는 탈세를 한 경우가 되어 추가적인 자료를 요청받게 된다.

4. 국민연금보험료 및 국민건강보험료는 「소득세법」 상 비과세 소득을 제외한 소득에 부과되므로 월 20만 원 이하의 식대를 급여에 포함하면 4대 보험을 줄일 수 있다. 그러나 만약 식당을 운영한다면 직원에게 식사를 무상 제공하는 경우가 일반적일 것이다. 이때 월 20만 원 이하의 식대를 비과세하면 식사와 식사대를 이중으로 인정받는 꼴이 되므로 세무조사 대상이 될 수 있다.

5장

매출의 10%
부가가치세의 비밀

매출의 10%는
내 돈이 아니다

부가가치란 사업자가 생산 또는 유통과정을 통하여 창출한 가치의 증가분을 말하며, 부가가치세는 거래단계별로 부가가치에 부과되는 간접 조세를 말한다.

최종소비자가 물건을 구입하면서 일일이 부가가치세를 납부한다는 것은 현실적으로 어렵다. 그래서 소비자에게 '직접' 납부의무를 부여하는 것이 아니라 판매자를 통해 '간접'적으로 납부하게 된다. 따라서 부가가치세는 간접세다. 현재 우리나라는 재화 및 용역의 최종가격에 10%의 부가가치세를 과세하고 있다.

아직도 많은 사업자가 부가가치세 납부에 대해서 아까워한다. 본인에게 입금되는 자금이 전부 내 돈이 아니라는 것을 받아들이기가 쉽지는 않을 수 있지만, 부가가치세는 사업자의 돈이 아님을 기억하자.

사업자는 일시적으로 매출분의 10%를 간접세인 부가가치세로 미리 받아놓은 것일 뿐이다. 따라서 사업장의 자금 운용 시 부가가치세 신고기한에 납부할 세액을 꼭 남겨두는 것이 좋다.

과세와 면세의 차이

'면세'란 일정한 재화 또는 용역의 공급에 대하여 부가가치세의 납세의무를 예외적으로 면하는 제도를 말한다. 따라서 부가가치세의 부담이 완전히 제거되지 않기 때문에 부분 면세라고도 한다.

「부가가치세법」상 면세대상은 법에 열거된 재화 또는 용역에 한하므로 실무상 어떤 재화 또는 용역의 공급이 과세대상인지 면세대상인지를 판정할 때에는 법에 열거된 면세 재화 또는 용역에 정확하게 부합되는 경우에만 면세로 판정하고, 기타의 것은 모두 과세대상으로 취급한다. 따라서 법에 열거된 면세 재화 또는 용역을 공급하는 것이 아니라면 면세사업자로 사업을 시작할 수 없다.

면세사업의 주 항목으로는 기초생활필수품 및 용역, 국민 후생용역, 문화 관련 재화·용역, 부가가치 생산요소인 재화·용역 등이 있으며, 주 업종으로는 병·의원, 학원, 주택임대사업 등이 있다.

면세의 취지는 세 부담의 역진성 완화 및 조세 정책적인 고려 등이다. 부가가치세 10%로 인해서 기초생활필수품이나 의료보건용역 등의 이용에 제한이 된다면 이는 빈자가 부자보다 수입 대비 더 많은 비율의 세금을 낼 수 있으므로 이를 완화하기 위한 취지다.

면세업종 중 대표적인 병·의원을 개업하면서 고려해야 할 사항이 한 가지 있다. 바로 부대사업을 할 것인지 여부다. 예를 들어 피부과의 치료 비누 또는 화장품 판매, 병원 내 건강기능식품 판매, 한의원의 미용 목적 환 판매 등의 부대사업이 발생한다면 부가가치세가 과세되므로 아래 중 한 가지 방식으로 사업자등록을 해야 한다.

① 별도의 사업장을 만들어야 하는 경우라면 별도의 부대사업을 위한 일반 과세사업자를 하나 더 등록한다.

② 별도의 사업장까지 둘 필요가 없다면 면세와 과세 두 가지를 아우르는 겸업 사업자로 사업자등록을 한다.

부가가치세 계산 예시

사업자	A	B	C(과세 가정)	C(면세 가정)
부가가치	1,000	200	300	300
과세표준	1,000	1,200	1,500	-
매출세액(과세표준의 10%)	100	120	150	-
매입세액	-	(-) 100	(-) 120	-
납부세액	100	20	30	-

위 표에서 C는 B로부터 1,200에 재화를 구입해 최종소비자에게 1,500에 제공하면서 부가가치를 창출하였다. 여기서 1,500이 「부가가치세법」상 C의 과세표준이고, 이는 C가 창출한 부가가치 총액인

300이 아닌 C까지 창출된 부가가치의 누적액이다. 즉, 「부가가치세법」상 과세표준(공급가액)은 해당 거래단계까지 창출되어 누적된 부가가치의 총액을 말한다.

C가 과세사업자일 경우 총 부가가치인 1,500(누적된 부가가치의 총액)의 10%인 150이 매출세액이 되며, B로부터 매입한 1,200의 10%인 120의 매입세액이 차감되면서 차액인 30이 최종 납부세액이 된다. 이는 결국 C가 창출한 부가가치인 300의 10%인 30과 같은 금액이다.

면세사업자는 부가가치를 창출하더라도 면세라는 제도의 목적상 부가가치에 대한 세금을 부과하지 않는다. 그러므로 C가 면세사업자일 경우 부가가치세가 과세되지 않는다.

부가가치세 조기 환급이란?

　부가가치세 환급은 매출세액보다 매입세액이 많은 경우에 발생하며 환급 방식은 일반 환급과 조기 환급이 있다.

　일반 환급의 경우 부가가치세 확정 신고 후 30일 이내에 환급된다. 때문에 사업장 운영에 있어서 자금순환의 어려움을 겪을 수 있다.

　이를 보완한 제도가 조기 환급제도다. 조기 환급신고는 매월 또는 두 달 단위로 신고할 수 있어서 환급시기를 빠르게 앞당길 수 있다. 또한 신고 후 15일 이내에 환급받을 수 있기 때문에 자금순환에 차질을 빚지 않을 수 있다. 그러나 모든 경우에 조기 환급이 가능한 게 아니다. 다음 세 가지 경우에 해당할 때만 신청할 수 있다.

1. 사업 설비를 신설·취득·확장·증축하는 경우

2. 재무 구조 개선 계획을 이행 중인 경우

3. 수출 등으로 영세율이 적용되는 경우

사업 초기에 인테리어 등 사업을 위한 설비를 신설 및 취득하기 위해 거액의 자금을 지출하지만 매출은 높지 않아 곤란을 겪을 때가 있다. 이때 조기 환급을 신청하면 도움을 받을 수 있다. 또 사업을 운영하는 중에 설비 확장을 하는 경우에도 조기 환급을 신고해 자금 용통을 원활히 할 수 있다.

가끔 환급액을 더 받기 위해서 매출액 및 매입액을 조작하여 환급 신고를 하는 경우가 있는데 사업장의 규모와 환급액에 상관없이 환급 신고에 대한 적정성 여부를 꼼꼼히 확인하고, 경우에 따라서는 현장 방문을 통한 조사 및 관련 계약서 소명 요청이 이뤄질 수 있다. 그러므로 절대 과대 신고하지 않도록 주의해야 한다.

부가가치세를 환급받았다고 해서 끝이 아니다. 건물·구축물에 대한 환급은 10년간, 그 밖의 자산에 대한 환급은 2년간 일반과세자를 유지해야 하는 일종의 사후관리가 필요하다. 이 기간 이내에 폐업, 간이과세자 변경, 면세 전용 등을 한다면 환급받은 금액 중 일부를 재계산하여 다시 납부해야 한다.

다만, 폐업이 제3자에게 사업의 포괄적 양수도를 통해 모든 권리와 의무를 승계하여 발생한 것이라면 환급 의무가 발생하지 않는다. 또한 공급대가가 1억 4백만 원 미만이 되면 간이과세자로 과세 유형이 전환되지만, 사업자가 간이과세 포기 신청을 한다면 공급대가에 상관

없이 신청 후 3년간 일반과세자로 유지가 가능하고, 일반과세자를 계속 유지한다면 환급액을 다시 돌려주지 않아도 된다.

간이과세자는
정말 유리할까?

사업자등록 시 간이과세자 등록을 할 수 없는 업종을 제외하고, 일반사업자는 일반과세자와 간이과세자 중 선택을 하게 된다. 부가가치세를 훨씬 더 적게 낸다는 말에 솔깃하여 간이과세자로 사업자등록을 하는 경우가 있는데 과연 올바른 선택일까? 사업자등록 시 어떤 과세형태로 등록하는 게 유리할지 간이과세자와 일반과세자에 대해 알아보자.

간이과세자와 일반과세자 비교

구분	간이과세자	일반과세자
매출기준	연 공급대가* 1억 4백만 원 미만	연 공급대가 1억 4백만 원 이상
매출세액 계산	공급가액 × 업종부가가치율** × 10%	공급가액 × 10%
매입세액 공제	매입세액 × 업종부가가치율**	전액
부가가치세 환급	불가능	가능
의제매입세액 공제	• 2021. 7. 1. 이전 매입분: 음식점업 및 제조업만 가능 • 2021. 7. 1. 이후 매입분: 의제매입세액 적용 불가	면세물품 거래 업종
배제업종	있음	없음
세금계산서 발급	• 신규사업자 및 공급대가 4,800만 원 미만은 영수증 발급 • 공급대가 4,800만 원~1억 4백만 원 간이과세자는 세금계산서 발급(영수증 발급도 가능)	세금계산서 발급
납부의무 면제	1년 공급대가 4,800만 원 미만인 경우	면제 적용 없음

* 공급대가는 공급가액에서 10%의 부가가치세를 더한 금액
** 간이과세자의 업종부가가치율(아래 표 참고)

간이과세자의 업종부가가치율

구분	부가가치율
1. 소매업, 재생용 재료수집 및 판매업, 음식점업	15%
2. 제조업, 농업·임업 및 어업, 소화물 전문 운송업	20%
3. 숙박업	25%
4. 건설업, 그 밖의 운수업, 창고업, 정보통신업, 그 밖의 서비스업	30%
5. 금융 및 보험 관련 서비스업, 전문·과학 및 기술 서비스업(인물사진 및 행사용 영상 촬영업 제외), 사업시설관리·사업지원 및 임대 서비스업, 부동산 관련 서비스업, 부동산임대업	40%

간이과세자 등록이 불가능한 사업자

간이과세자의 선택이 적합한지 여부는 사업의 형태, 규모에 따라 달라진다. 그러면 간이과세자로 등록할 수 없는 경우부터 살펴보자.

1. 연 공급대가 기준

연 공급대가 1억 4백만 원 미만의 사업자만 부가가치세 세제 혜택을 받을 수 있다. 신규 사업자와 사업 실적이 영세한 사업자에게 납세 편의를 돕고 조세 행정 비용을 줄이기 위해 도입된 제도이기 때문이다.

2. 간이과세 배제업종

세법에서 정하고 있는 다음의 예시 업종은 간이과세자로 등록 자체를 할 수 없다. 이 밖에도 간이과세가 적용되지 아니하는 다른 사업장을 보유하고 있는 사업자와 같이 간이과세자로 등록이 불가능한 사업자도 있으니, 간이과세자 등록 가능 여부를 미리 확인해 보는 것이 좋다.

간이과세 배제업종 및 사유

- 광업
- 제조업. 다만, 주로 최종소비자에게 직접 재화를 공급하는 사업으로서 다음의 것은 제외한다(과자점업, 도정업과 제분업 및 떡류 제조업

중 떡방앗간, 양복점업, 양장점업, 양화점업, 그 밖에 자기가 공급하는 재화의 50% 이상을 최종소비자에게 공급하는 사업으로서 국세청장이 정하는 것).
- 도매업(소매업을 겸영하는 경우를 포함하되, 재생용 재료수집 및 판매업은 제외) 및 상품중개업
- 부동산매매업
- 「개별소비세법」 제1조제4항에 해당하는 과세유흥장소를 경영하는 사업으로서 기획재정부령으로 정하는 것
- 부동산임대업으로서 기획재정부령으로 정하는 것
- 변호사업, 심판변론인업, 변리사업, 법무사업, 공인회계사업, 세무사업, 경영지도사업, 기술지도사업, 감정평가사업, 손해사정인업, 통관업, 기술사업, 건축사업, 도선사업, 측량사업, 공인노무사업, 의사업, 한의사업, 약사업, 한약사업, 수의사업과 그 밖에 이와 유사한 사업서비스업으로서 기획재정부령으로 정하는 것
- 일반과세자로부터 양수한 사업
- 전기·가스·증기 및 수도 사업
- 건설업. 다만, 주로 최종소비자에게 직접 재화 또는 용역을 공급하는 사업으로서 기획재정부령으로 정하는 것은 제외
- 전문, 과학 및 기술서비스업과 사업시설 관리, 사업지원 및 임대 서비스업. 다만, 주로 최종소비자에게 직접 용역을 공급하는 사업으로서 기획재정부령으로 정하는 것은 제외
- 둘 이상의 사업장이 있는 사업자로서 그 둘 이상의 사업장의 직전연도의 공급대가의 합계액이 1억 4백만 원 이상인 사업자
- 이외에도 서울특별시, 광역시 및 수도권 지역에서 초기 투자비용이 크거나 고가품·전문품 취급, 주로 사업자와 거래하는 업종, 1회 거래

> 가액이 큰 품목 취급, 기타 신종 호황업종 등은 법에 의해 간이과세
> 자로 등록할 수 없음.

간이과세자의 장·단점

간이과세자가 된다면 어떤 점이 유리할까? 가장 큰 장점은 부가가치세율이다. 일반과세자는 모든 업종에 동일하게 공급가액인 매출의 10%가 부가가치세율로 적용된다. 그러나 간이과세자는 원래의 부가가치율에 15%~40%의 업종 부가가치율을 한 번 더 곱하기 때문에 일반과세자에 비해 상당히 낮은 납세의무를 진다.

여기에 연간 공급대가가 4,800만 원 미만인 경우에는 부가가치세 납세 의무조차도 면제가 되니, 연 매출이 이보다 적은 경우 사업자의 부가가치세 부담을 줄이는 데 큰 기여를 한다.

그러나 간이과세자는 부가가치세 환급을 받을 수 없으므로 사업 초기에 많은 사업 설비투자를 하였어도 투자비용에 따른 환급금을 돌려받을 수 없다. 그러므로 사업 초기 투자비용이 적고 연간 공급대가도 1억 4백만 원 미만이 될 것이라고 예측된다면 간이과세자로 사업을 시작하는 것이 좋다.

만일 사업의 호황으로 연 공급대가가 1억 4백만 원 이상이 된다면 자동으로 간이과세자에서 일반과세자로 전환된다. 이때 대부분의 사업자는 앞으로 부가가치세를 더 많이 내게 될 것만 예상하는데, 고려

해야 할 사항이 하나 더 있다. 바로 간이과세자일 때 환급받지 못했던 부가가치세를 일반과세자가 되면서 재고매입세액공제로 적용받을 수 있다는 점이다. 재고매입세액공제는 모든 매입에 대해서 적용받을 수 있는 것은 아니다. 매입했던 재고품, 건설 중인 자산, 감가상각자산에 대해서만 경과된 기간에 따라 세법에 따른 일정 요율을 곱하여 산출하게 된다.

간이과세자를 포기하겠다는 내용의 신청서를 제출한 뒤 일반과세자가 되는 것도 가능하다. 적용받으려는 전달의 마지막 날까지 간이과세포기신고서를 관할 세무서장에게 제출하면 된다.

2월 10일을 기억하자

　부가가치세가 면제되는 업종을 영위하는 개인사업자(해당 과세기간에 사업을 폐업 또는 휴업한 사업자 포함)는 부가가치세 신고 대신에 해당 연도의 총수입금액 등을 기재한 부가가치세 면세사업자 사업장 현황신고서를 해당 과세기간의 다음 연도 2월 10일까지 사업장 관할 세무서장에게 제출하여야 한다.

　면세사업장 현황신고가 중요한 이유는 면세사업장의 1년간 수입금액을 신고하기 때문이다. 과세사업자는 정기적으로 부가가치세를 신고하기 때문에 매출을 쉽게 파악할 수 있지만, 면세사업자의 경우는 부가가치세 신고의무가 없으므로 사업장 현황신고서를 통해서만 매출을 파악하게 되고 이를 통해 매출누락이 밝혀지게 된다.

　특히 병원은 국세청장이 업종의 특성 및 세원관리를 위하여 필요하다고 인정하는 사업장이므로 사업장 현황신고 시 수입금액검토표를 제출해야 한다. 특정 5개 병과(성형외과, 안과, 치과, 피부과, 한의원)는 수입금액검토부표 등 관련 자료도 필요하다. 물론 사업장 현황신고서 상에 작성한 매출금액, 비보험수입 진료 환자 수 및 고가의 의료장비 금액 등이 수입금액검토표 및 수입금액검토부표의 수치들과 일치하는지도 살펴보게 된다.

최근 국세청 빅데이터 수집을 통한 정보를 기반으로 면세사업자를 주택임대사업자, 개인과외 교습자, 주택신축판매업자, 복식부기 의무자, 간편장부 대상자, 신고분석자료 제공자 등 여섯 가지 유형으로 세분화하여 유형별 안내문을 발송하고 있다.

면세사업자가 안내문을 받았다면 '신고분석자료 제공자'에 해당되는지 돌이켜봐야 한다. 신고분석자료 제공자는 다음의 세 가지 중 한 가지 이상에 부합하거나, 사업구조의 급격한 변화에 의해 지정될 수 있다.

1. 비보험 비율이 낮은 의료업자
2. 현금매출 비율이 낮은 면세사업자
3. 종합소득세 신고 대비 사업장 현황신고 수입금액 과소신고 면세사업자

면세사업장 현황 신고 시 복식부기 의무자가 매출·매입처별 계산서 합계표 및 매입처별 세금계산서 합계표를 미제출하거나 일부 미기재,

오기재한 경우 공급가액의 0.5%를 가산세로 납부하여야 한다.

그 밖에 의료업, 수의업 및 약사업 사업자가 수입금액을 무신고 또는 과소 신고한 경우에는 수입금액의 0.5%가 가산세로 부과된다. 병원의 경우 12월 의료보험 수입이 사업장 현황신고를 신고하는 다음 해 2월 10일까지 확정되지 않는 경우가 있다. 이럴 때 추후 확정된 수입금액이 면세사업장 현황신고서상 금액보다 많다면 종합소득세 신고기간에 과소 집계된 매출과의 차이를 자진신고하고 이에 따르는 가산세를 신고하여야 한다.

둘 이상의 사업장이 있는 사업자는 각 사업장별로 현황신고를 해야 한다. 공동으로 사업을 영위하는 경우에는 대표 공동사업자가 해당 공동사업장의 면세사업장 현황신고서를 작성 및 제출하여야 하며, 이때 대표자와 구성원 각각의 면세사업장 현황신고서에 각 지분에 의한 수입금액을 별지로 작성하여 부표로 제출하여야 한다.

의제매입세액을
꼭 챙기자

면세인 농·축·수·임산물을 구입하게 되면 매입세액공제를 적용받을 수 없다. 그러나 이 재화를 가공하여 과세재화를 제공하게 되면 매출에 따른 부가가치세를 납부해야 한다. 그러면 해당 사업자는 매입세액공제는 받지 못하면서 매출세액은 전부 납부해야 하는 불합리한 상황에 처할 수 있다. 이러한 불합리함을 보완하고자 '의제매입세액공제'라는 제도가 있는데 대표적인 업종으로는 음식점이 여기에 해당한다. 의제매입세액공제는 다음 네 가지 조건을 충족해야 적용 가능하다.

1. 사업자 등록된 부가가치세 과세사업자
2. 부가가치세가 면세된 농·축·수·임산물 구입
3. 농산물 등을 원재료로 하여 제조·가공 또는 용역을 창출

4. 제조·가공 또는 용역의 공급이 부가가치세 과세될 것

의제매입세액공제액 한도는 다음 표를 참고하자. 일반적으로 당기 매입한 금액이 공제한도에 걸리는 경우는 거의 없으니 크게 염려하지 않아도 된다.

의제매입세액 공제한도

구분		한도율	
		음식점업	기타업종
개인사업자	과세표준 1억 원 이하	75%	65%
	과세표준 1억 원 ~ 2억 원	70%	
	과세표준 2억 원 초과	60%	55%
법인사업자		50%	

의제매입세액 공제율

구분				공제율
음식점		과세유흥장소 경영자		2/102
	과세유흥장소 외의 음식점	개인사업자	연매출 2억 원 이하	9/109
			연매출 2억 원 초과	8/108
		법인사업자		6/106
제조업	개인사업자		과자점업, 도정업, 제분업 및 떡류 제조업 중 떡방앗간 경영자	6/106
			위 외의 제조업 경영자	4/104
	법인사업자		중소기업	4/104
			중소기업 외 사업자	2/102
음식점 및 제조업 외의 사업				2/102

예를 들어 과세표준이 3억 원 이상인 음식점을 운영하는 개인사업자가 육류를 1월부터 6월까지 1억 원 구입했다고 가정하면, 의제매입세액 공제한도는 1억 8천만 원(3억 원×60%)이므로 매입가액 1억 원에 공제율 8/108을 곱해 약 740만 원 정도 적용받는다.

음식업을 운영하는 사업자가 농산물 등을 구입하는 금액에 대해서 매입세액공제를 적용받기 위해서는 계산서나 신용카드매출전표 또는 직불카드 영수증을 받아야 한다. 단, 제조업을 경영하는 사업자가 농어민으로부터 직접 구입하는 경우에는 농어민의 성명, 주민등록번호, 건수, 품명, 수량, 매입가액을 기재한 의제매입세액공제신고서만 제출하면 된다.

 **면세된 농·축·수·임산물 예시**

- 1차 가공을 거쳐 본래의 성질이 변하지 않는 것(곡류, 과실류, 채소류, 수육류, 유란류, 생선류, 패류, 해조류, 소금 등)
- 김치, 두부 등 기획재정부령으로 정하는 단순 가공식료품
- 원생산물의 본래의 성질이 변하지 아니하는 정도로 1차 가공하는 과정에서 필수적으로 발생하는 부산물
- 미가공식료품을 단순히 혼합한 것
- 쌀에 식품첨가물 등을 첨가 또는 코팅하거나 버섯균 등을 배양한 것으로서 기획재정부령으로 정하는 것

세금계산서만
잘 받아도 반절은 성공

　세금계산서는 사업자가 재화와 용역을 공급할 때 부가가치세를 거래 상대방에게 징수하고, 그 사실을 증명하기 위해 발급하는 계산서로 송장, 청구서, 증명서류, 과세자료의 역할 등을 한다.

　본인이 일반사업자라면 '세금계산서'를 발급해야 하고, 면세사업자라면 '계산서'를 발급해야 한다. 세금계산서의 양식을 자세히 보면, 세금계산서는 부가가치세액을 적는 칸이 있고, 계산서는 세액을 적는 칸이 없어서 쉽게 구분이 가능하다.

　세금계산서 발급 시 다음 네 가지 사항을 반드시 기재해야 한다. 누락하거나 사실과 다르게 기재하는 경우에는 공급가액의 1%가 가산세로 발생한다.

1. 공급자의 사업자등록번호, 성명 또는 명칭
2. 공급받는 자의 등록번호(개인의 경우 주민등록번호)
3. 공급가액과 부가가치세액
4. 작성연월일

일반과세자는 전부 세금계산서를 발급할 수 있지만, 영수증 발급 대상 사업이나 세금계산서 발급 의무가 면제되는 일반 음식점, 소매업, 미용실, 목욕탕 등 최종소비자를 상대하는 업종은 세금계산서를 발급하지 않아도 된다.

세금계산서를 제때에 발급하지 않으면 거래처 간에 서로 매출·매입의 계산이 엉키게 되고, 0.3~3%가량의 가산세가 발생할 수 있으므로 꼭 때를 놓치지 않고 발급하도록 하자.

전자세금계산서 발급

법인사업자와 직전년도 공급가액이 8천만 원 이상인 개인사업자는 의무적으로 '전자세금계산서'를 발급해야 한다. 전자세금계산서 발급은 국세청 홈텍스 사이트, 국세청 콜센터 '126' 및 전자세금계산서 발급 대행업체 사이트에서 발급할 수 있다.

전자세금계산서는 작성연월일을 조작할 수 없으므로 기한 내에 발급하지 않으면 최대 공급가액의 2%에 대한 가산세가 발생하게 된다.

간혹 신용카드로 결제를 한 다음 세금계산서를 발급받는 경우가 있다. 이때 두 매입건을 중복 처리하게 되면 매입세액공제를 두 번 받을 수 있기 때문에 중복해서 발급받지 않도록 주의해야 한다. 그러나 외상 구매의 경우와 같이 세금계산서를 발급받고 신용카드를 결제하는 경우는 부득이하게 허용이 되므로 이런 경우에는 꼭 잊지 않고 세금계산서를 기준으로 매입세액공제를 적용받고, 신용카드 결제 내역은 꼭 중복분을 체크해서 제외하여야 한다.

이중으로 공제받는 세금 내역은 쉽게 국세청으로부터 포착되므로 꼭 중복분에 대한 매입을 반영하여야 한다. 이는 세무대리인을 통해 신고할 때에도 마찬가지로 전달해야 할 사항이다.

거래처가 세금계산서를 발급해 주지 않는다면?

세금계산서는 원칙적으로 공급자가 발급하게 되어 있다. 하지만 공급자가 우월적 지위에서 고의적으로 세금계산서를 발급하지 않고 매출을 누락하고 싶어 할 수 있다. 이때 매입자는 어떻게 해야 할까?

상대적으로 열위에 있는 매수자를 보호하기 위해 그 재화 또는 용역을 공급받은 자가 관할 세무서장의 확인을 받아 세금계산서를 발급하는 '매입자발급 세금계산서 제도'라는 것이 있다.

매입자가 세금계산서를 발급하기 위해서는 매입자의 관할 세무서장에게 거래 사실을 객관적으로 입증하는 입출금내역 등 증빙서류를 첨부하여 거래가 있었던 과세기간 종료일로부터 6개월 이내에 신청해야 한다.

이때 거래건당 공급대가가 5만 원 이상인 경우에 한하며, 관할 세무서는 서류 확인 후 신청인에게 그 결과를 통지하게 되고, 그 결과에 따라 세금계산서를 발급하여 공급자에게 발급하면 된다.

세금계산서를 교부한 뒤 기재사항이 잘못되었다는 것을 발견했다면 수정 세금계산서를 발급해야 한다. 만약 세금계산서를 수정할 사유가 발생했음에도 다시 발급하지 않는다면 사실과 다른 거짓 세금계산서가 되어 매입세액공제가 불가능하고 세금계산서 미교부, 미제출 가산세가 부과된다. 수정세금계산서를 교부해야 하는 경우는 다음을 참고하자.

1. 처음 공급한 재화가 환입된 경우
2. 계약의 해제로 재화 또는 용역이 공급되지 아니한 경우
3. 계약의 해지 등에 따라 공급가액에 추가되거나 차감되는 금액이 발생한 경우
4. 재화 또는 용역을 공급한 후 공급시기가 속하는 과세기간 종료 후 25일(과세기간 종료 후 25일이 되는 날이 공휴일 또는 토요일인 경우에는 바로 다음 영업일을 말한다) 이내에 내국신용장이 개설되었거나 구매확인서가 발급된 경우
5. 필요적 기재사항 등이 착오로 잘못 적힌 경우(과세표준 또는 세액을 경정할 것을 미리 알고 있는 경우는 제외)

6. 필요적 기재사항 등이 착오 외의 사유로 잘못 적힌 경우(과세표준 또는 세액을 경정할 것을 미리 알고 있는 경우는 제외)
7. 착오로 전자세금계산서를 이중으로 발급한 경우
8. 면세 등 발급대상이 아닌 거래 등에 대하여 발급한 경우
9. 세율을 잘못 적용하여 발급한 경우(과세표준 또는 세액을 경정할 것을 미리 알고 있는 경우는 제외)

부가가치세 신고할 때 주의해야 할 것들

일반 과세사업자의 부가가치세 신고기한은 다음과 같다. 기본적으로 신고기한에 납부도 하므로 부가가치세 납부세액을 미리 마련해 두도록 하자.

부가가치세 신고기한

구분	제1기		제2기	
	신고대상	신고기간	신고대상	신고기간
예정신고	1. 1.~3. 31. 사업실적	4. 1.~4. 25.	7. 1.~9. 30. 사업실적	10. 1.~10. 25.
확정신고	4. 1.~6. 30. 사업실적	7. 1.~7. 25.	10. 1.~12. 31. 사업실적	다음 해 1. 1.~1. 25.

소규모 법인사업자(직전 과세기간의 공급가액 합계액이 1억 5천만 원 미만) 및 개인 과세사업자는 예정신고 시 직전기 부가가치세 산출세액의 1/2에 해당하는 납부세액이 고지서 형태로 우편 발송되는데 이것이 예정고지다. 간혹 매출이 급격하게 떨어진 상황에서 전기의 1/2에 해당하는 세금이 나온다면 당황스럽고 금전적 부담도 생기게 된다. 예정신고기간 과세표준 및 납부세액이 직전 과세기간의 1/3 미만으로 감소한 경우에는 개인사업자라도 예정신고를 할 수 있다.

3개월분에 대한 실제 매출 및 매입에 대해 계산하여 실제 부가가치세를 신고 및 납부할 수 있으므로, 예정고지를 무시하고 예정신고를 통해 납부의 부담감을 없앨 수 있다.

부가가치세 신고 실수 사례

다음 표는 일반 과세사업자가 부가가치세 신고 시 자주 저지르는 실수들을 정리한 것이다. 아래 내용을 살펴보면서 누락하는 일이 없도록 하자.

매출	• 비사업자로부터 받은 현금 또는 계좌이체 금액을 신고 누락 • 현금영수증 실제 발급금액과 현금영수증 신고 매출금액 불일치 • 과·면세 겸업자의 과세 매출분을 면세 매출로 잘못 신고 • 영세율 매출이 발생한 경우 영세율 첨부서류를 미제출 • 종이세금계산서 및 종이계산서의 신고 누락 • 오픈마켓, 소셜커머스 매출내역 누락 • 배달 대행 결제내역 및 결제대행 사이트 매출 누락

매입	• 면세·간이 사업자로부터 매입한 자료를 매입세액으로 잘못 공제 • 사업과 관련 없이 사용, 거래처 접대비로 지출한 신용카드 결제금액을 매입세액으로 잘못 공제 • 비영업용 소형승용차 구입·유지비용을 매입세액으로 잘못 공제 • 과·면세 겸업자의 공통매입세액 안분계산 누락 • 공급하는 자가 사실과 다른 세금계산서의 매입세액을 잘못 공제 • 종이세금계산서 및 종이계산서의 신고 누락 • 사업자등록 전 매입세액 누락
공제	• 이미 환급받은 예정신고 환급액을 확정 신고 시 미환급세액으로 잘못 신고 • 직전연도 매출액이 10억 원을 초과하는 개인사업자는 신용카드 매출전표 발급세액 공제가 되지 않는데 이를 신고한 경우

부가가치세를 사업자 본인이 홈텍스를 통해 직접 신고하는 경우에도 실수나 누락이 자주 발생한다. 아래 내용을 보면서 해당하는 것은 없는지 확인해 보자.

먼저 배달대행사를 이용하는 자영업자가 배달대행사에서 발급한 기타 현금 매출액을 검토도 하지 않고 전체를 누락하는 경우다. 이는 배달대행사를 통해서 쉽게 매출액이 포착되기 때문에 꼭 주의하여야 한다. 배달대행 및 온라인 오픈마켓의 매출 파악은 각 판매자 사이트에서 사업자가 직접 확인할 수 있으므로, 꼭 신고 전에 매출을 취합하여야 한다.

두 번째, 신용카드 매입세액공제와 의제매입세액공제 등 '기타공제 매입세액'을 하나도 적용하지 않고 신고하는 경우다. 사업을 하면서 모든 매입을 세금계산서로 받지는 않는다. 신용카드로 간단한 물건들을 주변 상점에서 구입하고, 식당을 운영 중이라면 육류 및 야채류를 현금영수증으로 받는 경우도 있기 때문이다. 그런데 이런 부분에 대해서는 홈텍스에서 직접 계산해 주지 않는다. 그러므로 본인이 직접 '기타공제 매입세액'에 대한 공제를 놓치지 않고 신고할 수 있어야 한다. 이때 사업과 관련 없는 매입에 대한 과대계상을 하게 되면 소명요청이 올 수 있으니, 평소에 꼼꼼히 기록해 두어야 한다.

마지막으로 국세청은 빅데이터를 기반으로 매 신고 시기마다 '부가가치세 신고도움 서비스'로 기존 부가가치세 신고 내역 및 부가율 정보와 동종이 업종 평균율에 대한 정보도 제공한다. 이때 업종 평균보다 부가율이 낮다면 이에 대해서 주의하라는 문구도 안내를 받게 된다. 이 말은 업종 평균보다 부가율이 낮은 이유를 매출 누락 또는 매입의 과대 및 가공 계상에 따른 결과라고 생각할 수 있다는 것이다. 신고내역이 사실이라면 문제되지 않겠지만, 국세청으로부터 사후검증 안내문을 받을 수도 있으니 참고하자.

6장

사업자의 1년 성적표, 종합소득세

소득세의 구조를 알아야
진짜 세금이 보인다

매년 5월은 종합소득세 신고 및 납부의 달이다. 5월 31일까지 신고 및 납부하여야 하는 종합소득세의 계산구조를 살펴보자.

종합소득세 계산구조

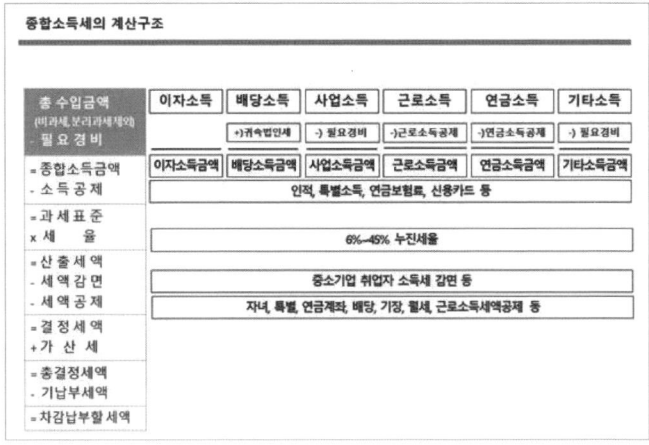

종합소득세는 1월 1일부터 12월 31일까지 1년간 개인이 벌어들인 이자·배당, 사업, 근로, 연금, 기타소득까지 각 소득에서 개별적으로 필요경비 및 공제를 제한 소득금액을 합한 뒤 소득공제 및 세액감면·공제를 적용 후 세액을 산출하는 구조로 되어 있다.

용어의 정의를 명확히 이해해야 개념도 잘 잡히게 된다. '소득'은 관련 경비를 제한 이후에는 '소득금액'으로 정의된다. 이렇게 1년간 벌어들인 소득금액의 합계가 '종합소득금액'이 되고 이후 관련 소득금액에 적용되는 소득공제를 적용한다. 소득공제는 소득액에 세율을 곱하여 세금을 매기기 전에 일정액을 공제하는 것으로, 납세자의 세금 부담을 덜어주고 최저생계비를 보장하는 데 목적이 있다. 대표적인 소득공제로는 근로소득공제, 인적공제, 특별공제, 「조세특례제한법」상 공제 등이 있다.

인적공제는 사업자 개인과 가구 구성원에 대해 일정액을 과세소득에서 제하는 것으로 모든 납세자에게 적용되며, 근로소득공제는 근로자들이 소득을 얻는 과정에서 필수적으로 들어가는 경비를 세금 부과 대상에서 제외받는 것이다. 특별공제는 정책적으로 지원이 필요한 부분을 공제해 주는 것으로 연금보험료, 건강·고용 보험료, 소기업·소상공인 공제부금 등이 있다.

종합소득세에서 가장 먼저 이해해야 하는 것은 세금은 누진적으로 증가한다는 점이다. 일정 과세표준을 기준으로 세율이 계단식으로 적용된다고 생각하면 이해하기가 쉽다. 그러므로 과세표준이 작년보다

두 배 늘었다고 해서 세금도 단순히 두 배만 늘었다고 생각하면 낭패를 볼 수 있다.

과세표준에 따른 소득세율과 누진 공제

과세표준	세율	누진 공제
1,400만 원 이하	6%	
1,400만 원 초과~5,000만 원 이하	15%	126만 원
5,000만 원 초과~8,800만 원 이하	24%	576만 원
8,800만 원 초과~1억5천만 원 이하	35%	1,544만 원
1억 5천만 원 초과~3억 원 이하	38%	1,994만 원
3억 원 초과~5억 원 이하	40%	2,594만 원
5억 원 초과~10억 원 이하	42%	3,594만 원
10억 원 초과	45%	6,594만 원

5천만 원 단위로 나눈 산출세액

과세표준	산출세액(국세)	평균세율	누진세율 구간
5천만 원	624만 원	12.48%	15%
1억 원	1,956만 원	19.56%	35%
1억 5천만 원	3,706만 원	24.71%	35%
2억 원	5,606만 원	28.03%	38%
2억 5천만 원	7,506만 원	30.02%	38%
3억 원	9,406만 원	31.35%	38%
3억 5천만 원	1억 1,406만 원	32.59%	40%
4억 원	1억 3,406만 원	33.52%	40%
4억 5천만 원	1억 5,406만 원	34.24%	40%
5억 원	1억 7,406만 원	34.81%	40%

과세표준이 5천만 원인 경우와 1억 원인 경우를 비교해 보면 평균 세율은 7.08%, 실제 납부금액은 세 배 이상 증가된다는 것을 알 수 있다. 우리나라 자영업자 중에서는 과세표준 5천만 원에서 1억 원 사이에 속하는 분들이 아주 많다. 그래서 "세무사님, 작년보다 조금 더 벌었는데 세금이 이렇게나 늘었다고요? 계산 제대로 하신 거예요?"라며 당황해하는 분들을 정말 많이 보게 된다. 이게 바로 누진세의 무서움이다. 가끔 "사업 대박 나서 세금 원 없이 내봤으면 좋겠어요"라고 말하는 사업자가 있는데 막상 납부서를 받게 되면 그런 이야기는 아마 절대 나오지 않게 될 것이다.

산출세액을 구한 후 일정 요건을 충족하면 세액감면과 세액공제를 적용받을 수 있다. 세액감면은 납세의무의 감소, 일부가 면제되는 부분감면에서 납세의무가 완전히 면제되는 완전감면 등에 이르기까지 다양하며, 대표적으로 중소기업에 대한 특별세액감면 등이 있다.

세액공제는 납세의무자가 부담하는 세액 중에서 세금을 제하는 것을 말한다. 세액공제는 일반적으로 국제·국내의 조세 종목 간의 이중과세 조정, 소득 종류 간의 세 부담 조정, 저소득층의 세 부담 경감, 특정 산업의 지원육성, 근로자의 복지후생 등을 위해 조세의 부과징수를 일부 배제하거나 유예함으로써, 소득 간 또는 납세의무자 간의 형평을 유지하고 특정 산업의 개발이나 투자재원의 조달을 쉽게 할 수 있도록 하는 제도다. 통합고용세액공제, 근로소득 세액공제, 배당세액공제, 기장 세액공제, 특별 세액공제인 의료비·교육비·기부금 세액공제와 성실신고확인비용에 대한 세액공제 등이 대표적이다.

이렇게 세액감면과 세액공제를 차감한 후 종합소득세 관련 가산세는 더하고, 기납부하였던 중간예납세액 및 원천징수세액을 차감하면 최종 납부할 종합소득세액을 구할 수 있다.

종합소득세 중간예납이란?

중간예납이란 종합소득이 있는 거주자에 한하여 1월 1일부터 6월 30일까지의 기간 동안 전년도의 종합소득에 대한 소득세로서 납부하였거나 납부하여야 할 세액의 1/2에 상당하는 금액을 납부세액으로 결정하여 관할세무서에서 11월 1일~15일 사이에 납세고지서로 발급 및 징수하는 제도를 말한다.

납부기한은 11월 30일까지이며, 이후 확정 신고 및 납부 시에는 확정된 종합소득세액에서 이미 납부한 중간예납세액을 차감하여 정산하게 된다. 그러므로 전년도의 종합소득세를 기억하고 11월에 중간예납을 위한 자금을 꼭 마련해 두어야 한다.

소득세 중간예납 납부대상자는 종합소득이 있는 거주자와 종합과세되는 비거주자다. 신규사업자와 휴·폐업자, 일정한 소득만 있는 자, 납세조합가입자, 부동산매매업자, 소액부징수자는 대상에서 제외된다.

매출에 따른 종합소득세 신고

개인사업자는 직전년도 업종별 수입금액에 따라 종합소득세 신고 유형이 달라진다. 매출에 따라 본인이 기장을 의무적으로 해야 하는지 여부와 추계신고 시 단순경비율과 기준경비율 중 어떤 것을 적용해야 하는지를 판단하는 기준이 달라지므로 반드시 확인해야 한다. 참고로 전문직 사업자는 직전년도 수입금액 규모에 상관없이 복식부기 의무자로 기준경비율 적용 대상자가 된다.

추계신고란?

모든 사업자는 스스로 작성한 장부를 근거로 자신의 소득금액을 산

매출별 종합소득세 신고유형

업종별	장부신고자		추계신고자		
	복식부기 의무자	외부조정 계산서 첨부 대상자	기준 경비율		단순 경비율
			해당연도*	직전연도	
① 농업 및 임업, 어업, 광업, 도매업 및 소매업(상품중개업 제외), 부동산매매업, 아래 ②와 ③에 해당하지 아니하는 사업	3억 원 이상	6억 원 이상	3억 원 이상	6천만 원 이상	6천만 원 미만
② 제조업, 숙박 및 음식점업, 전기·가스·증기 및 수도 사업, 하수 폐기물처리 원료재생 및 환경복원업, 건설업(비주거용 건물 건설업은 제외), 부동산 개발 및 공급업(주거용 건물 개발 및 공급업에 한함), 운수업, 출판 영상 방송통신 및 정보서비스업, 금융 및 보험업, 상품 중개업	1억 5천만 원 이상	3억 원 이상	1억 5천만 원 이상	3,600만 원 이상	3,600만 원 미만
③ 소득세법 제45조 제2항에 따른 부동산임대업, 부동산 관련 서비스업, 전문 과학 및 기술서비스업, 임대업(부동산임대업 제외), 사업시설관리 및 사업지원서비스업, 교육 서비스업, 보건업 및 사회복지서비스업, 예술 스포츠 및 여가관련 서비스업, 협회 및 단체, 수리 및 기타 개인서비스업, 가구 내 고용활동	7,500만 원 이상	1억 5천만 원 이상	7,500만 원 이상	2,400만 원 이상	2,400만 원 미만

* 해당 과세기간 신규사업자도 기준경비율 해당연도 수입금액 기준을 적용함.

정하여 소득세를 신고해야 하지만 장부를 작성하지 않는 사업자는 정확한 소득금액을 산정할 수 없기 때문에 사업자의 소득금액을 추정하여 계산(추계)하기 위한 방법으로 도입된 것이 추계신고다. 추계신고는 직전연도 수입금액에 따라 기준경비율 또는 단순경비율을 적용하여 소득금액을 계산한다.

기준경비율 적용대상자는 단순경비율 적용이 배제되는 사업자와 직전 과세기간의 수입금액이 기준 규모 이상인 사업자를 말한다.

기준경비율 적용대상자가 단순경비율을 적용하여 신고하는 경우에는 소득 금액 및 세액을 과소하게 신고한 것으로 보고 추후 신고불성실가산세 및 납부불성실가산세가 추가로 부과된다.

또한, 직전 과세기간의 수입금액이 4,800만 원 이상인 사업자가 장부를 비치·기록하지 않고 추계신고할 경우 산출세액의 20%가 무기장 가산세로 적용된다. 추가로 복식부기 의무자가 추계신고할 경우 무신고가산세(수입금액의 0.07%와 무신고 납부세액의 20% 중 큰 금액)와 무기장가산세(산출세액의 20%) 중 큰 금액이 가산세로 적용된다.

단순경비율 적용대상자는 직전 과세기간의 수입금액이 업종별 기준수입금액에 미달하는 사업자와 당해 연도 신규사업자인 경우에 해당한다.

간편장부 대상자란 당해 과세기간에 신규로 사업을 개시한 사업자와 직전 과세기간의 수입금액 합계액이 복식부기 의무자의 업종별 기준금액에 미달하는 사업자를 말한다.

그 외 간편장부 대상자에 해당되지 않는 사업자는 전부 복식부기 의무자가 된다. 복식부기에 해당하면 사업소득금액을 비치·기록된 장부와 증명서류에 의하여 계산하며, 기업회계기준을 준용하여 작성한 재무상태표·손익계산서와 그 부속서류, 합계잔액시산표 및 조정계산서를 종합소득세 신고 시 제출하여야 한다. 이를 제출하지 않으면 종합소득세 신고를 하지 않은 것으로 간주하게 된다.

나아가 복식부기 의무자이면서 매출이 높아 업종별 기준금액이 '외부조정계산서 첨부대상자'에 해당하면 의무적으로 세무대리인인 세무사 등을 통해서 조정계산서를 작성하여야 한다. 다시 말해 일정 매출 이상인 사업소득자에게 회계 및 세법 처리의 규정을 더 엄격하게 적용하는 하나의 기준점이 되는 사업자가 복식부기 의무자인 셈이다.

성실신고확인제도란?

성실한 납세를 위해서 필요하다고 인정되는 해당 과세기간의 수입금액 합계액이 일정 기준을 넘는 개인사업자는 종합소득과세표준 확정 신고를 할 때 사업소득금액의 적정성을 세무사 등이 확인하고 성실신고확인서를 작성해 납세지 관할 세무서장에게 제출하여야 한다.

즉, 소득금액이 일정 기준 이상이라면 복식부기 의무자보다 더 엄격한 신고서 요건을 요구하며 무조건 세무사를 통해 성실신고확인절차를 거쳐 서류로 제출하여야 한다. 기준액은 해당 사업연도의 수입금액(사업용 유형자산 처분 수입금액 제외)을 기준으로 판단한다.

업종별 성실신고확인대상 기준액

업종별	확인대상 수입금액
농업·임업 및 어업, 광업, 도매 및 소매업(상품중개업은 제외), 제122조 제1항에 따른 부동산매매업, 그 밖에 제2호 및 제3호에 해당하지 아니하는 사업	해당연도 수입금액 15억 원 이상
제조업, 숙박 및 음식점업, 전기·가스·증기 및 공기조절 공급업, 수도·하수·폐기물처리·원료재생업, 건설업(비주거용 건물 건설업은 제외), 부동산 개발 및 공급업(주거용 건물 개발 및 공급업에 한함), 운수업 및 창고업, 정보통신업, 금융 및 보험업, 상품 중개업	해당연도 수입금액 7.5억 원 이상
부동산임대업, 부동산업(부동산매매업은 제외), 전문·과학 및 기술 서비스업, 사업시설관리·사업지원 및 임대서비스업, 교육 서비스업, 보건업 및 사회복지 서비스업, 예술·스포츠 및 여가관련 서비스업, 협회 및 단체, 수리 및 기타 개인 서비스업, 가구 내 고용활동	해당연도 수입금액 5억 원 이상

성실신고확인대상 사업자가 성실신고확인서를 제출하는 경우에는 종합소득 과세표준 확정 신고 기한이 다음 연도 5월 1일부터 6월 30일까지 한 달 연장된다.

추가로 성실신고확인서를 제출한 자가 세액공제대상 의료비 및 교육비를 지출한 경우 그 지출금액의 15%(미숙아 의료비는 20%, 난임시술비는 30%)에 해당하는 금액을 소득세에서 공제받을 수 있다.

만약 성실신고확인서를 제출하지 않으면 종합소득 산출세액에서 사업소득금액이 전체 종합소득금액에서 차지하는 비율의 5%와 사업소득 금액의 0.02% 중 큰 금액을 가산세로 납부하여야 한다.

성실신고확인대상 사업자가 세무사를 통해 성실신고확인서를 제출하는 경우에는 신고에 직접 사용한 비용의 60%를 120만 원의 한도 내에서 공제받을 수 있다. 그래서 사실상 세무사 조정료를 지출해도

120만 원은 공제를 받으니 생각보다 부담이 크지 않다.

주의할 점은 성실신고확인비용에 대한 세액공제를 적용받은 사업자가 과소 신고한 사업소득금액이 경정(수정신고로 인한 경우를 포함)된 사업소득금액의 20% 이상이면 공제받은 금액에 상당하는 세액을 전액 추징받게 된다. 또한 세액공제액이 추징된 사업자에 대하여는 추징일이 속하는 과세연도의 다음 과세연도부터 3년간 성실신고확인비용에 대한 세액공제를 적용받을 수 없다.

그 외 납세자가 성실신고확인서 제출 등의 납세협력 의무를 이행하지 아니한 경우 세무조사를 받을 수도 있다. 기본적으로 모든 세금은 성실하게 신고하는 것이 당연하지만, 성실신고제도는 그 취지가 고소득 자영업자들의 성실한 소득신고를 유도하기 위해서 만들어졌기 때문에 장부의 기록 및 구분 기장에 대한 적정성을 아주 엄격하게 검증한다. 종합소득세 세무조사의 대부분은 성실신고확인제도를 받는 사업자라고 보면 된다. 그러므로 성실신고확인대상 사업자는 더욱 엄격한 세법적 잣대가 적용됨을 항상 인지해야 한다.

효과적인 지출경비 관리법

 사업을 잘 경영하기 위해서는 지출경비를 효율적으로 운용하는 일이 중요하다. 대표적인 지출경비로는 복리후생비, 감가상각비, 대출에 따른 이자 등을 꼽을 수 있는데, 여기에서는 각각 경비별로 어떻게 관리하는지 알아보고 세무조사 등으로 인해 불이익을 받는 일이 없도록 세무조사 시 문제가 될 수 있는 사항에 대해서도 자세히 살펴보자.

복리후생비

 복리후생비는 종업원의 작업능률을 향상하고 복리를 증진하기 위하여 사업자가 부담하는 시설이나 일반관리비, 제조경비를 말한다. 4대

> **복리후생비의 세무조사 중점 검증사항**
>
> - 복리후생비는 통상 인건비의 15% 내외에서 사용되는 경우가 보통이다. 인건비 대비 과도한 복리후생비 비율 계상에 주의하여야 한다.
> - 대표자가 혼자 지출하는 비용, 접대성 비용, 사업 무관 비용, 원거리 소재 사용처 및 주말에 사용한 비용은 인정되지 않는다. 실제 세무조사 시 주말 및 원거리 사용처 등에 대한 소명이 발생한다.
> - 경비의 적격성은 세금계산서, 계산서, 신용카드 매출전표, 현금영수증으로 가능하다. 적격증빙 미비는 가산세가 부과된다.

보험료, 퇴직급여, 건강검진 비용 등이 법정 복리후생비에 속하고 식대, 차량유지비, 경조사비, 상품권이나 기념품 등의 현물 지급, 문화비, 자기계발비 등이 법정 외 복리후생비에 속한다.

감가상각비

감가상각비는 유형·무형자산의 사용, 시간의 경과 등으로 소모된 경제적 가치를 평가하여 비용으로 차감하는 평가적 비용을 말한다. 사업장의 대표적인 자산 계정은 건물, 인테리어, 기계장치, 비품, 차량, 영업권 등이 있다. 감가상각은 그 적용방법에 따라 매년 비용으로 인정받는 금액이 달라진다. 대표적으로 많이 쓰이는 감가상각 적용방법은 정액법과 정률법이다.

'정액법'은 자산의 취득가액에 당해 자산의 내용연수에 따른 상각률을 적용하여 계산하고, '정률법'은 해당 자산의 취득가액에서 감가상각비로 필요경비에 산입한 금액을 공제한 잔액에 해당 자산의 내용연수에 따른 상각률을 곱하여 계산한다.

다음 표를 통해 100만 원의 비품을 기준연수 4년간 정액법과 정률법으로 감가상각 시 매년 경비 인정 금액에 대해서 비교해 보자.

정액법과 정률법에 따른 경비 인정 금액 비교

(단위: 원)

구분	I. 정액법	II. 정률법(52.8%)	차이(I-II)
1차 연도	250,000	528,000	△278,000
2차 연도	250,000	249,216	784
3차 연도	250,000	117,630	132,370
4차 연도	250,000	105,154	144,846
총계	1,000,000	1,000,000	0

I. 정액법: 1,000,000 ÷ 4년 = 매년 250,000원
II. 정률법(52.8%): 4년의 정률법 감가상각률은 52.8%
  1) 1차 연도: 1,000,000 × 52.8% = 528,000원
  2) 2차 연도: (1,000,000 - 528,000) × 52.8% = 249,216원

위에서 보는 바와 같이 정액법은 매년 일정한 감가상각비용을 인정받고, 정률법은 초기에 큰 감가상각비용을 인정받을 수 있으나 차츰 그 금액의 삭감 폭이 크게 줄어들게 된다. 따라서 사업장의 방향성에

맞게 감가상각 방식을 활용하는 의사결정이 필요하다.

> **감가상각비의 세무조사 중점 검증사항**
> - 가공자산을 설정하고 감가상각비 계상하는 경우 세무조사 대상이 될 수 있다.
> - 감가상각 자산총액을 부풀리거나 감가상각비 방식 및 내용연수를 축소하여 과도한 감가상각비를 계상하는 경우 세무조사 대상이 될 수 있다.

기부금 vs 업무추진비 vs 광고선전비

비슷하면서도 다른 세 가지 경비계정에 대해서 알아보자.

1. 기부금

기부금은 특수 관계가 없는 자에게 사업과 직접 관계없이 무상으로 지출하는 재산적 증여가액을 말한다. 사업소득자는 특례 기부금과 일반 기부금을 필요경비로 인정받을 수 있다.

기부금의 종류와 필요경비 산입 한도액

구분	내용
특례 기부금	• 국가 또는 지방자치단체에 무상으로 기증하는 금품의 가액, 국방헌금과 국군장병 위문 금품의 가액, 천재지변으로 생기는 이재민을 위한 구호 금품의 가액, 국립 및 사립대학 등에 시설비·교육비·장학금 또는 연구비로 지출하는 기부금 등 • 필요경비산입 한도액 = 기준소득금액 - 이월결손금
일반 기부금	• 사회복지법인, 인·허가받은 장학단체, 문화·예술단체, 종교단체, 의료법인, 사내근로복지기금, 불우이웃돕기 성금, 국민체육진흥기금, 아동·노인·장애인복지시설 기부금 등 • 지정기부금은 다음 산식에 의하여 계산한 금액의 범위 안에서 필요경비에 산입함. 1. 종교단체에 기부한 금액이 있는 경우 　지정기부금 범위 = ㉠ + ㉡ 　㉠ (기준소득금액 - 기부금 등 합계액) × 10/100 　㉡ ⓐ와 ⓑ 중 적은 금액 　　ⓐ {기준소득금액 - (특례기부금+이월결손금)} × 20/100 　　ⓑ 종교단체 외에 지급한 금액 2. 종교단체에 기부한 금액이 없는 경우 　지정기부금의 범위 　= {기준소득금액 - (특례기부금+이월결손금)} × 30/100

※ 기준소득금액 : 기부금을 필요경비에 산입하기 전의 해당 과세기간의 소득금액

2. 업무추진비(구 접대비)

지출의 대상이 사업과 관련 있고, 친목을 두텁게 하여 거래 관계의 원활한 진행을 도모하는 데 지출한 비용을 말한다. 기존 명칭인 '접대비'가 부정적인 이미지가 강해 2024년 '업무추진비'로 바뀌었다.

업무추진비는 매출액에 따라 중소기업의 범위에 포함된다면 연간 3,600만 원까지 기본한도를 적용받을 수 있고, 매출액에 따른 추가한도를 적용받을 수 있다. 다만 업무와 관련이 없다고 비칠 수 있는 골

프장, 고급백화점, 고급식당에서의 사용금액은 경비로 불인정될 수 있으니 업무 관련성을 꼼꼼히 따져봐야 한다.

신용카드가 아닌 간이영수증의 경우 3만 원 초과분에 대해서는 업무추진비 인정이 아예 불가능하다. 다만, 거래처 임직원 등의 경조사비는 청첩장 사본 등을 갖춰두면 건당 20만 원까지 경비로 인정된다.

업무추진비의 한도

구분	중소기업	일반기업
기본한도	연간 3,600만 원	연간 1,200만 원

추가한도	· 수입금액 100억 원 이하: 0.3%
	· 수입금액 100억 원 초과~500억 원 이하:
	  3천만 원 + (수입금액 - 100억 원) × 0.2%
	· 수입금액 500억 원 초과:
	  1억 1천만 원 + (수입금액-500억 원) × 0.03%	

3. 광고선전비

개인의 사업과 관련된 재화 또는 용역 등의 판매, 공급의 촉진을 위하여 불특정다수인에게 광고선전을 목적으로 지출하는 비용을 말하며, 간접적으로 상품이나 제품의 판매촉진 효과를 달성하기 위한 기업 이미지 제고 목적의 광고 및 홍보를 포함한다.

불특정다수인에게 사용된 광고선전비는 전액 경비 인정되지만, 특정인에게 광고선전 목적으로 기증한 물품은 연간 5만 원 이내(개당 3만 원 이하는 제외)만 경비로 인정받을 수 있다. 5만 원이 초과하면 이를 전액 업무추진비로 본다는 점을 유념하여야 한다.

기부금, 업무추진비, 광고선전비 비교

구분	기부금	업무추진비	광고선전비
업무 관련성	×	○	○
특정인에 관한 것	○	○	×
한도계산	○(비지정기부금은 인정 안 됨)	○	×(한도 없음)
적격증빙 입증	기부금영수증	미입증 시 불인정	미입증 시 가산세

이자 비용

대출은 사업장을 운영하면서 발생하는 자금이 부족할 때 이를 메꿔주는 소중한 제도다. 대출금에 따른 이자 비용은 실질적으로 절세효과를 가지므로, 활용도에 따라 사업장의 자금 운용에 이득이 되기도 한다.

이자 비용의 세무조사 중점 검증사항
- 사업과 관련 없는 차입금은 인정되지 않으므로 집 담보를 통해 대출받은 자금이라면 그 용도를 입증하여야 하며, 대출금을 사업과 무관하게 사용하면 이자 비용 처리가 되지 않는다.
- 부채가 자산보다 많으면 자산을 초과하는 부분에 해당하는 이자 비용 처리가 되지 않는다.
- 장비의 리스료 중 일부도 리스 이자 비용에 해당해 똑같이 적용받는다.

> **check point** 상품권은 만능?

결론부터 말하면 상품권은 세무조사 시 아주 높은 확률로 경비 인정이 되지 않는다. 상품권은 금융상품이 아니고, 실물이나 일련번호 등을 통해서도 구매자를 확인할 수 없는 경우가 태반이므로, 세무조사 시 상품권을 사업과 관련되게 사용했다는 객관적인 사실관계와 증빙이 있어야지만 그 지출처에 맞게 관련 경비계정으로 인정된다.

그러므로 상품권을 사용한다면 지급받은 자의 인적사항, 지급금액, 지급목적 등을 기록하는 문서를 갖추고, 이를 통해 관리 및 소명하여야만 한다.

매매 vs 렌탈 vs 리스, 어떤 방식이 유리할까?

사업자로부터 가장 많이 받는 질문 중 하나가 업무용 승용차를 어떤 방식으로 취득하는 것이 유리한가다. 대표적인 방법으로는 매매, 렌탈, 리스가 있는데 이 중 매매는 차량을 내 돈으로 구매하는 가장 확실한 방법이다. 자금에 여유가 없을 경우 할부로 구매하면 된다.

리스와 장기렌트는 차량 소유권이 아닌 이용권을 획득하는 방식으로, 차량의 소유권은 리스나 렌터카 회사에 있으며 계약 기간은 대개 36개월에서 60개월이다.

리스와 장기렌트에서는 차량의 잔존 가치를 설정하고, 이를 제외한 금액을 계약 기간 동안 할부로 납부하게 되는데, 잔존 가치는 계약 종료 시점에서의 차량 중고 시세로, 5년 뒤 남는 금액 가치를 의미한다. 예를 들어, 할부의 경우 총 5,000만 원을 60개월로 나눌 때, 잔존 가치

1,500만 원을 제외한 3,500만 원에 대해서만 나눠서 납부하는 것이다. 따라서 월 납입금은 잔존 가치를 고려했을 때 달라질 수 있다. 계약기간 종료 후 잔존 가치로 설정된 금액을 한 번에 지불하면 차량을 인수할 수 있지만, 이는 사실상 차량을 구매하는 것과 같아 대부분 반납하게 된다.

리스는 금융리스와 운용리스가 있는데 이를 혼동하는 경우가 많다. 간단히 설명하면 금융리스는 이용자가 선택한 차량을 리스 회사의 명의로 구입한 후, 계약기간 동안 요금을 납부하는 방식이다. 보험은 별도로 가입해야 하며 세금(취·등록세, 자동차세) 또한 이용자가 부담해야 하는 점 등이 자동차 할부와 비슷하다. 계약이 만기되면 반납은 불가하고 인수 혹은 재리스만 가능하다.

운용리스는 리스 회사 명의로 구입한 차량을 이용자가 이용하는 방식으로, 장기렌트와 비슷하다. 이용자는 계약 기간 동안 리스비를 납부해야 하며, 계약 만료 후 반납할 수 있다. 리스비에 세금(취·등록세, 자동차세)이 포함된 점은 장기렌트와 유사하다.

장기렌트와 리스의 큰 차이점은 보험 처리에 있으며, 리스는 운전자가 직접 보험을 가입해야 하지만, 장기렌트는 렌터카 회사 명의로 보험이 가입된다. 장기렌트는 보험료가 월 납입금에 포함되므로 월 납입액이 리스보다 일반적으로 높다. 리스는 보험 가입 시 운전 경력이 인정되지만, 장기렌트는 그렇지 않다.

장기렌트는 사고 발생 시 면책금 외에 추가 비용이 발생하지 않아 운전이 서툰 경우에 유리한 선택일 수 있다. 리스는 보험이 본인 명의로 되어 있어 사고 시 할증이 붙으며, 여러 번 사고를 내면 비용이 크게 증가할 수 있다. 장기렌트는 신용도에 영향을 미치지 않지만, 리스는 개인의 부채로 잡혀 신용 점수에 부정적 영향을 줄 수 있다는 점도 기억하자.

차량을 매매, 렌탈, 리스할 때 장단점 비교

구분	매매	렌탈	리스
특징	• 고정자산으로 계상	• 소유권 이전 없음 • 렌트비의 70%를 감가상각비로 설정, 8백만 원 한도 내 인정	• 금융리스는 계약기간 종료 후 소유권 이전, 운용리스는 선택 가능 • 리스료의 약 93%를 감가상각비로 설정, 8백만 원 한도 내 인정
장점	• 신용등급 영향 없음	• 신용등급 영향 없음 • 초기 비용부담 적음	• 초기 비용부담 적음
단점	• 구입 초기 비용이 큼	• 운행가능거리 초과 시 추가비용 발생 • 차량 번호판이 '하, 허, 호'로 표시	• 금융리스의 경우 리스 부채로 잡혀 부채비율이 높아짐.

업무용 승용차 비용 처리법

복식부기 의무자가 해당 과세기간에 업무에 사용하지 않는 승용차를 취득하거나 임차료, 유류비, 감가상각비 등의 비용을 지출하면 필요경비로 인정받을 수 없다.

여기서 세법상 '업무용 승용차'란 정원 8명 이하의 자동차를 말하는데 배기량이 1,000cc 이하이면서 길이가 3.6m 이하이고 폭이 1.6m 이하인 것은 제외된다. 쉽게 말해 경차는 업무용 승용차에서 제외되는 것이다. 또 시설대여업에서 사업상 이익을 얻기 위하여 직접 사용하는 승용자동차와 장의 관련 서비스업을 영위하는 사업자가 소유하거나 임차한 운구용 승용차 역시 업무용 승용차로 인정되지 않는다.

업무용 승용차의 취득·유지를 위하여 지출한 비용에는 감가상각비, 임차료, 유류비, 보험료, 수선비, 자동차세, 통행료 및 금융리스 이자 비용 등이 있는데 필요경비로 인정받기 위해서는 다음의 몇 가지 개념을 알아둘 필요가 있다.

1. 업무용 사용금액

업무용 승용차와 관련해 지출한 비용 중 실제 업무에 사용한 비율만큼만 필요경비로 인정해 주는 것으로, 여기서 업무사용비율이란 '운행기록에 따라 확인되는 총 주행거리 중 업무용 거리가 차지하는 비율'로 한다. 제조·판매시설 등 해당 사업자의 사업장 방문, 거래처·대리점 방문, 회의 참석, 판촉 활동, 출·퇴근 등 직무와 관련된 업무수행을 위해 주행한 거리가 여기에 해당한다. 업무사용비율을 확인하기 위해서 운행기록부는 사업장 내 작성·비치하여야 하며, 납세지 관할 세무서장이 요구할 경우 이를 즉시 제출하여야 한다.

2024년에는 성실신고확인대상 사업자, 의료업, 수의업, 약사업 및 세무사 등 전문직군에 따른 사업을 영위하는 사람이 업무용 승용차를 보유하거나 임차한 경우 '업무전용 자동차보험(해당 사업자, 그 직원 등

정하는 사람이 운전하는 경우만 보상)'에 가입한 경우에만 업무사용비율 금액만큼 적용받을 수 있고, 업무전용 자동차보험에 가입하지 않으면 관련 비용이 100% 부인된다. 전문직의 경우 소득에 상관없이 업무용 승용차에 대해 엄격한 적용을 받는 것이다.

그 외의 사업자는 사업자별로 한 대를 제외한 나머지 승용차에 대해 업무사용비율 금액의 50%만을 적용받는 세법개정사항이 적용된다.

운행기록 등을 작성·비치하지 아니한 경우에는 1천 5백만 원까지만 경비로 인정받기 때문에 관련 비용지출이 많다면 꼭 운행기록부를 작성하는 것이 좋다.

2. 업무용 승용차 감가상각

복식부기 의무자가 업무용 승용차에 대하여 감가상각비를 계산할 때는 정액법에 내용연수를 5년으로 강제 상각하여 계산한 금액을 운행기록상 업무사용비율만큼 적용한다. 이때 감가상각비는 매년 8백만 원을 한도로만 경비로 인정받을 수 있다.

해당 과세기간에 8백만 원을 초과하는 경우 그 초과하는 금액은 당해 필요경비로 인정되지 않지만 이월하여 추후 감가상각비가 8백만 원에 미달하는 해에 인정받을 수 있다.

여기서 임차한 차량의 경우는 '감가상각비 상당액'을 계산하여 운행기록상 업무사용비율만큼 곱한 금액을 인정받는다. 리스 차량의 감가상각비 상당액은 업무용 승용차 임차료에 포함된 보험료, 자동차세 및 수선유지비를 차감한 금액으로 하고, 렌트 차량의 경우는 임차료의 70%로 정한다.

운행기록 등을 작성·비치하지 아니한 경우에는 해당 과세기간의 업무용 승용차 관련 비용이 1천 5백만 원을 초과하는 경우 1천 5백만 원을 한도로 업무용 승용차의 감가상각 시 적용하는 업무사용비율을 계산하여 적용한다.

마지막으로 사적 사용을 제한하는 업무용 승용차 비용 처리 방식에 대해서 어떻게 접근하는 것이 좋을지 알아보자.

먼저 차량 가격 4천만 원대 이하는 비용 부인의 위험이 적다. 고가 차량의 경우는 세무조사 시 사적 사용을 엄격히 확인하므로 운행일지 작성을 통해 업무용으로 사용했음을 입증하여야 한다.

둘째, 사업자의 출퇴근도 업무용으로 사용한 것으로 인정된다. 그러므로 운행일지를 꼼꼼히 작성하는 습관을 길러야 한다.

셋째, 차량을 처분해 손실이 발생한 경우에는 연간 8백만 원 범위에서만 필요경비 처리가 된다. 고의로 손실을 발생시켜도 경비를 늘릴 수 없다는 뜻이다. 처분 시에도 반드시 적격증빙을 확보해 두어야 한다.

넷째, 업무용 승용차에 대한 비용규제는 차량마다 적용되므로, 차량 수가 늘어나면 기본한도도 늘릴 수 있다. 하지만 추가로 차량을 등록할 경우 반드시 업무전용 자동차보험에 가입하고 보험적용 대상자만 운전할 수 있다는 점을 명심해야 한다.

 **제네시스 GV80을 매매, 금융리스, 운용리스, 렌트할 때**

차량가격이 8,190만 원인 GV80을 매매, 금융리스, 운용리스, 렌트하였을 경우 매년 인정받을 수 있는 금액을 알아보자. 아래 표처럼 비용 인정은 렌트가 가장 많이 받지만 이 말인즉 렌트가 비용을 가장 많이 지출한다는 의미이기도 하다. 본인의 상황에 맞춰서 가장 적합한 방식을 활용하도록 하자.

업무용 승용차 소유형태별 비용인정액

구분		매매	리스(금융)	리스(운용)	렌트
월 이용료		-	2,719,100	1,187,600	1,177,990
감가상각비	감가상각비/리스/렌탈료	16,380,000	32,629,200	14,251,200	14,135,880
	감가상각비 인정액	8,000,000	8,000,000	8,000,000	8,000,000
차량운영비	리스/렌탈료 관련 차량운영비용	-	2,284,044	997,584	4,240,764
	기타 운영비용	20,000,000	20,000,000	20,000,000	20,000,000
비용인정액	차량운행일지 작성시(업무사용비율 100%)	20,000,000	22,284,044	20,997,584	24,240,764
	총 비용 인정액	28,000,000	30,284,044	28,997,584	32,240,764

세금을 줄이는
각종 공제제도

　소득은 내 마음대로 늘릴 수 있는 게 아니다. 따라서 소득공제와 세액감면 및 세액공제를 적극 활용해 최대한 절세하는 게 현명한 사업자의 태도다. 실무에서 자주 쓰이는 소득공제와 세액공제를 익혀두고 매년 종합소득세 신고 시 담당 세무사와 상의해 최대한 내 통장 속 소중한 돈을 지켜내자.

대표적인 소득공제

항목	구분		공제 금액·한도	공제요건			
				구분	소득요건	나이요건*	
인적 공제	기본공제		1명당 150만 원	본인	×	×	
				배우자	○ 연간 소득 금액 합계액 100만 원 이하 (근로소득만 있는 경우 총급여 500만 원)	×	
				직계존속		만 60세 이상	
				형제자매		만 20세 이하 만 60세 이상	
				직계비속 (입양자 포함)		만 20세 이하	
				위탁 아동**		해당 과세기간에 6개월 이상 직접 양육한 위탁 아동	
				수급자 등		×	
	* 장애인의 경우 나이 요건 적용하지 않음 ** 「아동복지법」에 따른 가정위탁을 받아 양육하는 아동						
	추가 공제	경로 우대	1명당 100만 원	기본공제대상자 중 만 70세 이상			
		장애인	1명당 200만 원	기본공제대상자 중 장애인			
		부녀자	50만 원	종합소득금액이 3천만 원 이하인 근로자 본인이 • 배우자가 있는 여성인 경우 • 배우자가 없는 여성으로서 기본공제대상 부양가족이 있는 세대주			
		한부모	100만 원	배우자가 없는 사람으로서 기본공제대상인 직계비속 또는 입양자가 있는 경우(부녀자 공제와 중복 적용 배제, 한부모 공제를 우선 적용)			
연금보험료 공제			전액	근로자 본인의 국민연금보험료·공무원연금법 등에 따라 부담한 부담금·기여금			
특별소득 공제	건강·고용 보험료		전액	근로자 본인 명의의 건강보험료·고용보험료·장기요양보험료(본인 부담분)			

그 밖의 소득공제	소기업·소상공인 공제부금 소득공제	소기업·소상공인에 가입한 사업자의 노란우산공제 납입액 공제 • 해당 과세연도 사업소득금액 4,000만 원 이하: 500만 원 • 해당 과세연도 사업소득금액 4,000만 원 초과 1억 원 이하: 300만 원 • 해당 과세연도 사업소득금액 1억 원 초과: 200만 원

대표적인 세액감면 및 세액공제

항목	구분		공제 금액·한도	공제요건		
세액감면·세액공제	기장세액공제		100만 원	간편장부 대상자가 복식부기에 의한 장부를 작성하여 종합소득세 신고를 할 경우 산출세액의 20%를 100만 원 한도로 공제		
	자녀세액공제	기본공제 대상 자녀 (7세 이상)	-	• 1명: 연 25만 원 • 2명: 연 55만 원 • 3명 이상: 연 55만원 + 2명 초과 1명당 40만 원		
		출산·입양	-	첫째 30만 원, 둘째 50만 원, 셋째 이상 70만 원		
	연금저축 세액공제	연금저축	소득금액 기준	연금저축 세액공제 납부 한도	공제율	연금저축계좌 근로자 납입액
		퇴직연금	근로소득만 있는 경우 총급여 5,500만 원 (종합소득금액 4,500만 원) 이하	연금저축 600만 원,	15%	「근로자퇴직급여 보장법」에 따른 DC형 퇴직연금·개인형 퇴직연금 근로자 납입액
		과학기술인공제	근로소득만 있는 경우 총급여 5,500만 원 (종합소득금액 4,500만 원) 초과	연금저축 + 퇴직연금 900만 원	12%	「과학기술인공제회법」에 따른 퇴직연금 근로자 납입액
	창업중소기업 특별세액감면			창업중소기업에 해당하면 소득세에서 다음의 감면율 적용 • 수도권과밀억제권역 외 지역에서 창업한 창업중소기업: 5년간 50% • 수도권과밀억제권역 외 지역에서 창업한 청년창업 중소기업: 5년간 100%(수도권과밀억제권역 내인 경우는 50%)		

세액 감면 · 세액 공제	통합고용 세액공제	해당 과세연도의 상시근로자 수가 직전 과세연도의 상시근로자 수보다 증가한 경우 다음의 금액을 세액공제 적용 • 기본공제액 | 구분	중소기업(3년 지원)		중견기업 (3년 지원)	일반기업 (2년 지원)
---	---	---	---	---
	수도권	수도권 외		
청년 등* 상시근로자	1,450만 원	1,550만 원	800만 원	400만 원
그 외 상시근로자	850만 원	950만 원	450만 원	-	 • 추가공제액 : 정규직 전환자 및 육아휴직 복직자의 경우 해당연도 중소기업은 1,300만 원, 중견기업 900만 원 공제 • 사후 관리하여 고용이 감소하는 경우 세액공제 적용 배제 및 공제받은 세액을 납부하여야 함. 　*15세 이상 34세 이하 정규직 근로자, 장애인, 60세 이상, 경력단절여성 등
	성실신고 확인비용 에 대한 세액공제	성실신고확인대상 사업자가 성실신고확인서를 제출하는 경우에는 성실신고확인에 직접 사용한 비용의 60%를 120만 원 한도로 공제받을 수 있음.

간혹 납부해야 할 세액이 0원인데, 왜 세금이 발생했냐고 묻는 분들이 있다. 이는 최저한세액 때문일 가능성이 높다. 최저한세액이란, 세액감면이나 세액공제 등으로 납부세액이 없거나 일정 금액에 미달해도 꼭 부담하여야 할 최소한의 조세를 말한다. 또한「조세특례제한법」에 따라 소득공제, 세액공제 및 세액감면을 적용받아서 소득세가 부과되지 아니하거나 경감되는 경우에는 농어촌특별세를 별도로 납부하여야 한다.

프리랜서가 챙겨야 할
종합소득세 지식

프리랜서는 개인으로 물적 시설 없이 근로자를 고용하지 아니하고 독립된 자격으로 용역을 공급하고 대가를 받는 저술, 작곡, 음악, 배우, 성우, 직업운동가, 교정, 번역, 작명 등을 하는 인적 용역자를 말하며, 세금 처리에서는 흔히 사업자등록증이 없는 사업자라고 칭한다.

프리랜서의 소득은 사업소득 또는 기타소득으로 분류되는데, 실무에서는 대부분 독립적으로 해당 업무를 계속·반복하여 일한다는 점에서 사업소득으로 처리한다. 즉, 프리랜서도 사업자이므로 사업자와 똑같이 세법적 의무를 준수해야 한다. 면세대상에 해당하는 인적용역을 제공한다고 보아 부가가치세의 신고 및 납부 의무는 없지만 종합소득세 신고는 매년 필수로 해야 한다.

프리랜서는 용역의 대가를 받을 때 3.3%(지방소득세 포함)의 원천징수세액을 차감하고 잔액을 수령하게 된다. 예를 들어 300만 원에 용역 제공을 합의한다면 300만 원의 3.3%에 해당하는 금액을 제외한 2,901,000원을 수령하게 되는 것이다.

대가를 지급하는 사업자가 그 차감된 원천징수세액을 원천세 신고 및 납부하면 프리랜서 입장에서는 이미 납부한 세금으로 인정받아 종합소득세 계산 시 기납부세액으로 차감받을 수 있으며, 기납부세액이 종합소득세액보다 크다면 일정 금액 환급도 받을 수 있다.

일반적인 프리랜서(업종코드 940909)의 단순경비율은 64.1%이고 기준경비율은 11.9%(2023년 귀속연도 기준)이다. 단순경비율을 적용받는다면 본인의 경비를 입증하지 않아도 소득의 64.1%를 경비로 인정받지만, 소득이 높아서 단순경비율 적용을 받지 못한다면 11.9%만 경비로 인정받게 된다. 따라서 소득이 높은 경우 직접 본인이 지출한 1년간의 관련 비용을 정리하여 장부를 작성한 뒤 종합소득세 신고를 하는 것이 유리하다. 일반적으로 프리랜서 소득이 연 5천만 원을 넘으면 세무사를 통해 필요경비를 확인한 후 신고하는 것이 절세에 효과적이다.

참고로 단순경비율이 적용 가능한 프리랜서는 신규사업자거나 직전 과세기간 수입금액이 3,600만 원 이하인 자로 해당 과세기간 수입금액이 7,500만 원 미만이어야 한다.

요즘에는 월급을 받는 근로소득자가 부업으로 프리랜서로 활동하는 경우가 꽤 많다. 이럴 때에는 근로소득과 사업소득을 합산한 종합소득세 신고를 매년 직접 또는 세무대리인을 통해 해야 한다. 회사에서 받은 월급은 매년 2월 연말정산을 통해 모든 세금업무를 마무리할 수 있지만, 사업소득에 대한 세금신고의무는 본인에게 있기 때문이다. 만약 두 세액을 합쳐서 세금신고를 하지 않게 되면 추후 세무서로부터 소명 요청 또는 가산세가 포함된 고지서를 받게 된다.

만약 본인이 몸담고 있는 회사의 사규에 경업 및 겸업 금지 조항이 있다면 부업을 할 수 없다. 회사에서 추가 수입이 있는지 여부를 쉽게 확인할 수는 없지만, 어떤 이유에서든 확인이 되었을 때 불이익을 받을 수 있기 때문이다.

주택임대사업자의 세금은?

2018년까지는 주택임대소득이 연 2천만 원 이하라면 과세의무가 없었지만, 2019년부터는 연 2천만 원 이하의 주택임대소득자도 종합소득세 과세대상이 되었다. 이로 인해 연 80만 명 이상의 주택임대사업자는 꼭 본인의 면세사업장 현황신고 및 종합소득세 신고를 하여야 한다.

주택임대소득이 발생한다고 모두 세금을 내야 하는 것은 아니다. 따라서 내가 과세대상인지부터 확인하는 게 중요하다.

먼저 세대구성원의 주택 수가 몇 채인지 확인하여 과세여부를 파악해야 한다. 세대구성원이 부부라고 가정할 때 부부의 주택 수가 한 채이고, 월세로 임대 중이라고 한다면 주택의 기준시가가 얼마인지 확인하자.

주택임대소득 과세기준

과세요건(주택 수 기준)			과세방법(수입금액 기준)	
주택 수*	월세	보증금	수입금액	과세방법
1주택	비과세**	비과세	2천만 원 이하	종합과세와 분리과세 중 선택
2주택	과세		2천만 원 초과	종합과세
3주택 이상		간주임대료 과세***		

* 소유주택 수는 부부 합산하여 계산
** 기준시가 12억 원 초과 주택 및 국외소재 주택의 임대소득은 1주택자도 과세
*** 소형주택(주거 전용면적 40㎡ 이하이면서 기준시가가 2억 원 이하)은 간주임대료 과세대상 주택에서 제외('26년 귀속분까지)

주택의 기준시가는 국토교통부에서 제공하는 '부동산 공시가격 알리미 사이트(www.realtyprice.kr)' 등에서 쉽게 확인 가능하다. 월세 임대 중인 주택의 기준시가가 12억 원이 넘는다면 해당 월세소득은 과세가 되고, 12억 원 이하라면 비과세다.

2주택부터는 모든 월세에 대해 세금이 발생하며, 3주택 이상자는 임대보증금에 대한 '간주임대료'도 일정 기준에 맞으면 과세가 된다. 간주임대료란 임대사업자가 월세 이외에 전세 또는 월세 보증금으로부터 버는 수익을 일컫는 말로, 보증금에 일정 이율을 곱하여 계산한 금액을 소득금액 및 과세표준에 합산한다.

간주임대료은 다음과 같이 계산한다. 참고로 기준시가가 12억 원을 초과하는 고가주택 2주택자에 대한 과세가 2026년부터 적용될 예정이다.

간주임대료 계산방법

장부신고	(보증금 등 − 3억 원)의 적수* × 60% × $\dfrac{1}{365(윤년은 366)}$ × 정기예금이자율** − 해당 임대사업부분 발생한 수입이자와 할인료 및 배당금의 합계액
추계신고	(보증금 등 − 3억 원)의 적수 × 60% × $\dfrac{1}{365(윤년은 366)}$ × 정기예금이자율

* 적수는 임대보증금에 임대일수를 곱한 값을 뜻함
** 정기예금이자율은 2024년 귀속 3.5%

이제 본인의 임대소득이 어떤 방법으로 과세가 되는지 알아보자. 먼저 주택임대소득이 연 2천만 원 이하면 다음 두 가지 방법 중 하나를 선택할 수 있다.

1. 15.4%(지방소득세 포함)의 세율로 분리과세
2. 종합과세

본인의 다른 소득과 합쳐서 종합과세가 유리한지 아니면 임대소득만 따로 분리하여 15.4%(지방소득세 포함)만 내는 게 유리한지 선택하는 것이다. 분리과세 신고 시 만일 세무서와 지방자치단체에 모두 주택임대사업자를 등록했다면 다음과 같은 세제상 혜택을 볼 수 있다.

세무서와 지방자치단체 모두 등록 시 임대소득세 혜택

임대소득세 혜택 및 요건

- 총수입 2천만 원 이하인 자가 분리과세 선택 시 필요경비 및 기본공제

구분		세무서와 지방자치단체 모두 등록(①)	① 이외의 경우
혜택	필요경비율	60%	50%
	기본공제*	4백만 원	2백만 원
요건		아래 요건 모두 충족 가. 세무서와 지방자치단체 모두 등록 나. 임대보증금·임대료의 연 증가율이 5% 초과하지 않을 것	

* 기본공제 4백만 원 또는 2백만 원은 다른 종합소득금액이 2천만 원 이하인 경우 적용

- 소형주택 임대사업자 세액감면(총수입금액 규모와 무관)

구분	세무서와 지방자치단체 모두 등록(①)	① 이외의 경우
감면율	1호 임대: 30%(장기일반민간임대주택 등은 75%) 2호 이상 임대: 20%(장기일반민간임대주택 등은 50%)	-
요건	아래 요건 모두 충족 가. 세무서와 지방자치단체 모두 등록 나. 국민주택규모 주택일 것 다. 임대개시일 당시 기준시가가 6억 원을 초과하지 않을 것 라. 임대보증금·임대료의 연 증가율이 5% 초과하지 않을 것 마. 4년(장기일반민간임대주택 등은 8년*) 이상 임대	

* 20.8.18 이후 등록 신청하는 경우 10년

임대소득세 계산사례(총수입금액 2천만 원, 분리과세 선택)

구분		세무서와 지방자치단체 모두 등록(①) 장기(8·10년 이상)	① 이외의 경우
총수입금액		2,000만 원	2,000만 원
필요경비	(-)	1,200만 원(60%)	1,000만 원(50%)
기본공제	(-)	400만 원	200만 원
과세표준	(=)	400만 원	800만 원
세율	(×)	14%	14%
산출세액	(=)	56만 원	112만 원
세액감면	(-)	42만 원(75%)	0원
결정세액	(=)	**14만 원**	**112만 원**

* 주택임대소득 외의 다른 종합소득금액은 2천만 원 이하이며, 세무서와 지방자치단체 모두 등록한 경우로서 필요경비와 기본공제 혜택요건 및 감면요건 충족하는 경우로 가정

지난 2020년 8월 임대주택에 대한 세제상 혜택이 과도하다는 정부의 의견이 반영되어 단기민간임대주택(4년 의무임대) 및 아파트 장기일반매입임대주택(8년 의무임대) 유형이 폐지되었으며 임대소득에 대한 세제 혜택 역시 적용받지 못한다.

2025년 세제 개편안에서 6년의 기간을 적용하는 단기임대주택이 부활할 것으로 예상되고 있으므로 관심을 갖고 지켜보도록 하자.

주택임대소득 세무조사 사례

주택임대사업자는 임대개시일로부터 20일 이내에 사업장 관할 세무서에 사업자등록 신청을 하여야 한다. 그렇지 않으면 임대개시일부터 신청 직전일까지 수입금액의 0.2%에 해당하는 가산세가 부과된다. 또한 매년 2월 10일까지 전년도 주택임대 실적분 수입금액과 임대물건의 소재지, 계약 조건 등 면세사업장 현황을 사업장 관할 세무서에 신고하여야 한다.

면세사업장 현황신고를 통해 파악된 소득은 매년 5월 종합소득세 신고 시 국세청에서 제공하는 간편 신고 서비스를 통해 받게 되며, 사업장 현황신고를 하지 않으면 수입금액 결정을 위한 현장 확인대상자로 선정될 수도 있다.

다음 표는 주택임대 탈루 유형 및 세금 추가징수 사례를 보여주고 있다. 혹시 나에게 해당되는 건 없는지 점검해 보는 시간이 필요하다. 주택임대소득은 국토교통부와 대법원 등 관련 부처의 주택 임대차 정보를 종합해 연계 분석할 수 있다. 따라서 국세청에서 나의 임대소득을 파악하는 게 생각보다 쉽다는 걸 인지하고 있어야 한다.

주택임대 탈루 유형 및 세금 추가징수 사례

사례 ①   다수의 주택 임대하고 임대소득 전액 신고 누락

☑ 다수의 고가주택을 보유하면서 외국 대사관 및 직원 사택 등으로 임대하고 고액의 월세 임대수입금액을 전액 신고 누락한 사실을 확인하고 소득세 추가 징수

사례 ②   친인척 명의로 소득금액을 분산하고 임대소득 신고 누락

☑ 대표자 본인과 가족 등 친인척 명의로 사업자등록을 하여 소득금액을 분산하고, 원룸형 주택 수십 채를 증빙자료를 요구하지 않는 청년 등에게 임대하면서 수입금액을 누락한 사실을 확인하고 소득세 추가 징수

사례 ③   허위 인건비 계상하여 소득금액 축소 신고

☑ 근무하지 않은 친인척 관계에 있는 국외 체류자와 사망자 등에게 급여 등을 지급한 것처럼 허위의 인건비를 신고해 수년 간 소득금액 축소 신고한 사실을 확인하고 소득세 추가 징수

사례 ④   미분양 주택임대소득 신고 누락

☑ 주택신축판매업자가 다가구주택 신축 후 미분양주택을 분양 시까지 임대하면서 수입금액을 누락한 사실을 확인하고 소득세 추가 징수

사례 ⑤   관리비 등의 납부 확인을 통해 임대소득 누락 확인

☑ 임대사실을 부인하는 사업자에게 아파트 관리비 및 장기수선충당금 납부내역을 확인하여 임대소득 누락한 사실을 시인받고 소득세 추가 징수

세금을 잘못 내면 어떻게 될까?

종합소득세 신고 시 경비를 누락했거나 각종 세액공제 규정을 놓쳤다면 어떻게 해야 할까? 과세표준신고서를 법정 신고기한까지 제출한 자가 일정사유에 해당하면 경정청구를 통해 초과하여 납부한 세액을 환급받을 수 있다.

1. 경정청구의 기본요건

경정청구는 당초 신고된 내용대로 확정된 내용이 신고하여야 할 과세표준 및 세액을 초과하는 경우 또는 신고하여야 할 결손금액 또는 환급세액에 미치지 못할 때 납세의무자가 권리구제를 받을 수 있는 제도로서 납세자 권익을 보호하고 이의신청, 심사청구, 심판청구 등 각종 불복청구로 인한 행정부담을 간소화하려는 데 있다. 경정청구를 위해서는 다음의 세 가지 기본요건이 있다.

1) 경정청구 기한

경정청구는 법정신고기한이 지난 후 5년 이내에 관할 세무서장에게 청구할 수 있다. 단, 후발적인 사유에 해당하는 경우에는 5년이 지나도 그 사유가 발생한 것을 안 날로부터 3개월 이내에 경정청구가 가능하다.

2) 경정청구 대상자

법정신고기한까지 청구의 대상이 되는 세목을 신고한 자뿐만 아니라 신고기한을 아예 놓쳐서 기한 후 신고하는 납세자도 가능하다.

3) 경정청구의 확정력

경청청구는 '내가 신고·납부한 세금이 과다하니 돌려달라 또는 내가 받을 환급금액이 과소하니 추가로 환급해 달라'는 의미이므로, 관할 세무서장으로부터 해당 경정청구의 뜻에 대한 별도의 통지가 필요하다. 그 경정청구를 받은 관할 세무서장은 그 청구를 받은 날부터 2개월 이내에 결정 등을 하거나 할 이유가 없다는 뜻을 청구자에게 통지하여야 한다.

2. 경정청구 사유

1) 일반적인 사유

가) 과세표준신고서에 기재된 과세표준 및 세액이 세법에 따라 신고하여야 할 과세표준 및 세액을 초과할 때

나) 과세표준신고서에 기재된 결손금액 및 환급세액이 세법에 따라 신고하여야 할 결손금액 및 환급세액에 미달할 때

2) 후발적인 사유

가) 최초의 신고·결정 또는 경정에 있어서 과세표준 및 세액의 계산 근거가 된 거래 또는 행위 등이 그에 대한 소송에 대한 판결 때문에 다른 것으로 확정되는 경우

나) 소득이나 그 밖의 과세물건의 귀속을 제3자에게로 변경시키는 결정 또는 경정이 있는 경우

다) 조세조약에 따른 상호합의가 최초의 신고·결정 또는 경정의 내용과 다르게 이루어졌을 경우

라) 결정 또는 경정으로 인하여 그 결정 또는 경정의 대상이 되는 과세기간 외의 기간에 대하여 최초에 신고한 국세의 과세표준 및 세액이 세법에 따라 신고하여야 할 과세표준 및 세액을 초과하는 경우

마) 최초의 신고·결정 또는 경정을 할 때 과세표준 및 세액의 계산 근거가 된 거래 또는 행위 등의 효력과 관계되는 ① 관청의 허가나 그 밖의 처분이 취소, ② 계약이 해제권의 행사에 의하여 해제되거나 해당 계약의 성립 후 발생한 부득이한 사유로 해제되거나 취소, ③ 부득이한 사유로 과세표준 및 세액을 계산할 수 없었으나 그 후 해당 사유가 소멸된 경우

세금을 적게 냈을 때

세법에서는 세금신고서를 법정신고기한까지 제출한 자가 일정사유에 해당하면 수정신고 절차를 통하여 자발적으로 추가 납부할 수 있다. 자진 신고하지 않으면 추후 과세관청의 적발로 더 큰 추징액이 발생하니 과소 납부하였다면 빠른 수정신고로 가산세를 감면받는 것이 손실을 최소화할 수 있는 방법이다.

1. 수정신고 3가지 기본요건

수정신고는 당초 신고된 내용대로 확정된 내용이 신고하여야 할 과세표준 및 세액에 미달하는 경우 또는 신고하여야 할 결손금액 또는 환급세액을 초과하는 경우에 납세의무자가 스스로 정정할 수 있는 제도다. 수정신고를 위해서는 다음 세 가지 기본요건이 있다.

1) 수정신고 가능 기한

수정신고 역시 경정청구와 같이 언제든지 할 수 있는 것이 아니다. 관할 세무서장이 당초 신고한 과세표준과 세액을 결정하여 통지하기 전으로서 국세부과 제척기간이 끝나기 전까지 수정신고를 할 수 있다.

2) 수정신고 대상자

법정신고기한까지 청구의 대상이 되는 세목을 신고한 자뿐만 아니라 신고기한을 아예 놓쳐서 기한 후 신고하는 납세자도 가능하다.

3) 수정신고의 확정력

종합소득세와 같이 납세자가 신고 및 납부의무를 이행함이 원칙인 신고납세제도에서는 당초 신고가 납세의무를 확정하는 효력을 가지므로, 수정신고도 납세의무를 확정하는 효력이 있다. 그러나 정부부과제도에서는 당초 신고가 확정력이 없으므로 수정신고도 확정력이 없다.

2. 수정신고 사유
1) 과세표준신고서에 기재된 과세표준 및 세액이 세법에 따라 신고하여야 할 과세표준 및 세액에 미달할 때
2) 과세표준신고서에 기재된 결손금액 및 환급세액이 세법에 따라 신고하여야 할 결손금액이나 환급세액을 초과할 때

3. 수정신고 시 가산세 감면
수정신고는 납세의무자 스스로 당초 신고에 미비한 점을 발견하여 세법에 맞게 신고 및 납부하는 제도이므로, 일정한 기간 이내에 수정신고를 이행하면 다음과 같이 가산세를 감면하는 규정이 있다. 가산세 감면은 수정신고의무만 이행해도 적용되므로, 납부하지 않아도 적용된다.

7장

절대 경험하지 말자, 세무조사

세무조사 선정방식과 절차

세무조사는 세무공무원이 국세의 과세표준과 세액을 결정 또는 경정하기 위하여 질문하거나 해당 장부·서류 또는 그 밖의 물건을 검사·조사하고 그 제출을 명하는 것(조세 범칙조사 포함)을 말한다.

수없이 많은 세무조사에 대응해 본 내 기준에서 말하자면 세무조사는 사업장을 경영하면서 절대 경험하지 말아야 할 것 중 하나다. 사업주의 입장에서는 잘못을 저지르지 않았다고 생각하지만 회계 및 세무처리에 대한 해석의 차이로 세금을 추징당하는 경우가 허다하기 때문이다. 무엇보다 세무조사에 대응하느라 아까운 시간과 돈을 낭비하게 된다.

대부분의 세무조사는 1~2주로 끝나지 않는다. 가장 흔하게 경험할 수 있는 상속세 세무조사의 경우 제일 짧은 게 10주 내외다. 세무조사

기간 동안 정신적, 신체적, 금전적 압박에 시달리는 것은 물론이고 사업체 운영에 차질을 빚는 경우도 심심치 않게 목격했다.

평소에 장부 작성과 신고를 명료하게 해 세무조사 대상이 되지 않는 것이 최선이지만 예상치 못한 세무조사를 받게 될 때를 대비해서 최소한의 지식은 알아두길 바란다.

세무조사 선정방식

국세청은 매년 신고되는 모든 사업자의 종합소득세 신고자료를 통해 매출총이익률, 영업이익률, 당기순이익률 등 다양한 정보를 데이터베이스로 관리하고 있다.

소득 및 소비에 대해서는 원천징수되는 모든 종류의 소득, 세금계산서, 신용카드 매출내역 및 사용실적, POS 시스템에 의한 매출, 제로페이 실적, 배달앱 매출, 매입 자료 일체, 연말정산 간소화에 의한 자료 등을 파악하고 있으며, 부동산의 취득 및 보유현황을 파악하여 상속세, 증여세, 양도소득세원을 찾아내고 부동산 임대현황, 주식 취득 및 보유현황도 파악하고 있다. 이러한 데이터베이스를 통해 동종업종 대비 소득률이 저조한 납세자, 매출 누락이 의심되는 납세자를 추려내고 동종업종 대비 특정 판매관리비 지출이 과도해 해당 판매관리비가 대표자의 사적 사용 또는 접대비로 의심되는 납세자 등 다양한 탈세 혐의자를 선정해 신고내용에 조세 포탈이 없는지 검증을 진행한다.

예를 들어 특정 사업 부문의 업무를 중단해 매출이 큰 폭으로 떨어지게 되면 국세청에서는 매출의 큰 변동이 탈루로 인해 발생한 것은 아닌지 의심하게 된다는 뜻이다.

이러한 내용에 대해서 납세자는 세금신고 전 안내문을 통해 미리 준비할 수 있으므로 신고 전 본인의 사업장이 불필요한 오해를 받을 수 있는지 살피고 성실하게 납세를 준비하는 게 바람직하다. 사소한 금액의 누락이나 오기재 등을 별거 아니라고 생각했다가는 큰 낭패를 볼 수 있다는 걸 항상 기억해야 한다.

탈세와 PCI 시스템

내부직원이 탈세 제보를 통해 거액의 보상금을 받았다는 뉴스를 한 번쯤 접해보았을 것이다. 최근에는 탈세 제보 포상금이 최대 40억 원까지 대폭 인상되었다. 그만큼 탈세는 심각한 문제이며, 국가 차원에서 적극적으로 응대하고 있다.

탈세 제보 포상금에 욕심이 생겨 심증만으로 제보를 하면 보상금을 받을 수 없다. 회계장부 등 탈세 추징의 직접적 근거가 없다면 포상금이 지급되지 않기 때문이다.

포상금과 별개로 사업자의 입장에서 내부 고발에 의한 세무 조사를 받게 된다는 건 스트레스를 아주 많이 받는 일이다. 세법상 탈세의 추정이 전혀 없더라도 매출과 매입 관련한 정보는 특정 직원과 공유하는 게 바람직하며, 직원들과 탄탄한 신뢰 관계를 구축해 나가도록 하자.

국세청은 납세자에 의한 소득이나 이익의 의도적인 누락을 적발하고 세금을 추징하기 위해 그동안 확보한 납세자의 재산 현황, 소비수준, 신고 내역을 통합·분석하고 결과를 추출하는 PCI 시스템Property, Consumption and Income Analysis System(소득 지출 분석시스템)을 활용하고 있다. 이는 '재산증가액(P) + 소비지출액(C) - 신고소득(I) = 탈루혐의액'이라는 명료한 전제를 활용하여 탈루 세액을 쉽게 찾아낼 수 있는 대표적인 조사방법이다.

예를 들어 과거 5년간 국세청 신고소득은 4억 원인데 반해 지난 5년간 재산증가액과 소비 지출액이 각각 7억 원과 3억 원으로 그 합이 10억 원이라고 가정하면, 차액인 6억 원은 탈루소득 또는 증여로 의심되어 세무조사 대상자로 선정될 수 있다. 이처럼 일정 기간 재산 증가와 소비지출의 합계액이 최근 5년 동안 신고된 소득의 합계액보다 크면, 그 차액은 신고 누락된 소득 또는 증여로 추정하여 소명 요구를 받게 된다.

세무조사 절차

앞서 언급했듯이 세무조사는 사업주로서 꼭 피하고 싶은 일이다. 하지만 부득이하게 세무조사를 받게 되었을 때를 대비해 어떤 절차로 이루어지는지 알아보도록 하자.

1. 조사 대상자 선정

국세청에서는 기존 신고 내용을 토대로 성실 신고도를 측정하여 일차적 리스트를 작성한다. 이후 국세청 전산실은 본청 기준에 따라 영세 성실사업자를 조사 대상에서 배제하는 등의 선별과정을 거쳐 지방국세청에 통보한다.

2. 조사계획 수립

관할 세무서는 조사 대상 과세기간, 조사반의 편성 및 운영, 조사 기간, 조사 방법, 통합조사의 실시 등 조사계획을 수립한다. 조사 대상 과세기간은 일반 조사자는 최소한의 범위, 범칙 조사자는 통상 5년(사기 등은 10년)으로 설정한다.

3. 세무조사 사전통지

세무조사 20일 전에 조사 대상 세목, 조사 기간, 과세기간 및 조사 사유, 그 밖의 사항 등을 통지하게 된다. 세무조사 통지를 받으면 장부·증빙 등 각종 서류에 대해 보완하는 것이 좋다. 특히 오해의 소지가 있는 자료는 반드시 다시 점검하자. 도저히 세무조사를 받을 수 없는 상황이라면 세무사를 통해 연기 신청을 하는 방법도 있다. 단 연기 사유는 다음 네 가지 사유에 해당할 때만 가능하다.

1. 화재, 그 밖의 재해로 사업상 심각한 어려움이 있을 때
2. 납세자 또는 납세관리인의 질병·장기출장 등으로 세무조사가

곤란하다고 판단될 때
3. 권한 있는 기관에 장부, 증거서류가 압수되거나 영치되었을 때
4. 제1호부터 제3호까지의 규정에 준하는 사유가 있을 때

「조세범 처벌법」에 따른 조세범칙조사, 사전에 세무조사 통지 시 탈루혐의 입증에 필요한 명백하고 구체적인 자료가 인멸될 우려가 있는 경우 등에는 예외적으로 세무조사 사전통지를 생략할 수 있다.

4. 세무조사의 시작 및 진행

조사공무원은 조사 사유, 조사 기간, 권리구제 절차 등 필요한 사항을 납세자에게 상세히 설명하고, 납세자 권리헌장의 교부 및 낭독과 청렴서약서를 작성하고 세무대리인의 조력을 받을 수 있음을 안내하고 세무조사를 시작한다. 조사 기간은 보통 20일 이내로 진행되며, 자료 제출 요구 시에는 이로 인한 세 부담의 여부 및 의도를 파악해 대처해야 한다. 그러므로 세무사의 조력이 무엇보다 필요한 상황이다. 또한 조사공무원과의 세법상 의견이 엇갈리는 부분에 대해서는 그에 대한 근거자료를 서면으로 작성하는 것이 좋다.

5. 세무조사의 종결

조사공무원이 조사관서장에게 종결보고를 하면 조사관서장이 결정한다. 조사공무원은 납세자에게 조사결과를 구체적으로 설명하고 납세자의 권리구제방법을 안내한다.

6. 조사결과의 통지

조사 기간이 종료한 날로부터 20일 이내(송달하기 곤란한 경우 등에는 40일)에 세무조사결과를 납세자에게 통지한다. 조기 결정을 신청하면 추징세금을 앞당겨 낼 수 있으며, 약간의 가산세가 줄어드는 이점이 있다. 추징세금을 납부할 자금이 부족한 경우 징수유예를 신청할 수도 있다. 징수유예 사유에 해당하면 최대 9개월까지 납부유예를 신청할 수 있다.

반대로 조사결과 통지서에 이의가 있는 경우에는 과세전적부심사청구제도를 이용할 수 있다. 과세전적부심사청구 결과 '불채택'을 받으면 납세자는 이의신청·심사청구·심판청구를 통한 조세 불복을 진행할 수 있으며, 조세 불복을 통해서도 이의 사항에 대한 반영이 없다면 행정소송의 절차를 밟을 수 있다.

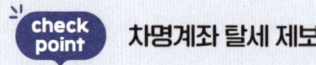 **차명계좌 탈세 제보**

국세청에서는 2013년도부터 거래 과정 중 발견한 사업자의 차명계좌를 국세청에 신고하는 경우 일정 기준에 따라 포상금을 지급하고 있다. 국세청에서 차명계좌 사용을 확인하기 위한 가장 중요한 정보는 차명계좌 사용자의 인적사항과 계좌번호다. 이 두 가지가 불분명하다면 신고자가 신고한 사항에 대해 국세청에서 확인하기가 굉장히 어렵다.

차명계좌 신고를 하였다고 하여 모든 신고분에 대해 포상금이 지급되는 것은 아니다. 차명계좌 신고대상은 법인사업자 또는 복식부기 의무가 있는 개인사업자가 타인 명의로 보유 또는 사용하고 있는 금융자산이며, 해당 차명계좌에서 탈루한 세액이 1천만 원 이상 추징되는 경우 연간 5천만 원을 한도로 신고 계좌 건당 1백만 원의 포상금을 지급한다.

포상금 지급과 별개로 차명계좌 신고가 들어오면 세금 탈루목적이라는 의도라고 보고 바로 세무조사 대상자로 선정될 수 있다. 이는 차명계좌 사용이 고의가 아니었더라도 마찬가지다. 차명계좌의 입금 내역을 소명하지 못한다면 매출 누락 등에 따른 세무조사로 그동안 매출이 있었을 것이라고 확인되는 최대 10년 동안의 금융거래명세 조사가 시행될 수 있다. 여기에 차명계좌로 입금된 매출 내역의 현금영수증 발급도 되어 있지 않다면, 현금영수증 미발급가산세부터 신고불성실·납부지연가산세 등 원세액의 100%가 넘는 세액이 추징될 수도 있으니 차명계좌는 절대 사용하지 않는 것이 좋다.

세무조사
7문 7답

세무사로 일하면서 나에게 사람들이 가장 많이 하는 질문을 따로 모아 정리했다. 아래 질문과 답을 살펴보면서 세무조사에 대한 기본 지식을 익히도록 하자.

Q. 한 해에 세무조사를 얼마나 하나요?

2023년 기준 4,432개 법인사업자가 세무조사를 받았으며 이는 전체 법인사업자의 0.5%에 해당한다. 부과세액은 4조 619억 원이다. 개인사업자는 3,842명으로 전체 개인사업자의 0.06%에 해당하며 부과세액은 4,483억원으로 집계되었다.

Q. 모범납세자는 세무조사 선정에서 제외되는 것이 맞나요?

모범납세자는 성실신고납부로 국가재정에 기여한 자, 일자리 창출·산업 발전 등 국가 경제력 강화에 기여한 자, 지속적으로 사회에 공헌한 자, 거래질서가 건전한 사업자, 적은 수입으로도 자기 몫의 세금을 성실하게 내는 소상공인 중 법인사업자의 경우 최근 사업연도의 총 부담세액이 5천만 원 이상, 개인사업자는 5백만 원 이상인 자 중에서 선발한다.

모범납세자로 선정되어 국세청장 표창 이상을 받은 자는 3년, 지방국세청장과 세무서장 표창 수상자는 2년간 세무조사 유예를 적용받는다. 그 외 모범납세자 표창을 수상하면 정기 세무조사 착수 시기 선택, 징수유예, 납기 연장 및 체납처분유예 시 납세담보 면제 등의 혜택을 받을 수 있다.

업종별 수입금액이 일정 금액 이하인 소규모 성실 사업자에 대해서는 세무조사를 받지 않고 생업에 전념할 수 있도록 세무조사를 면제하는 제도도 있으며, '일자리 으뜸기업' 등 일자리의 양과 질을 앞장서 개선한 기업으로 선정되면 세무조사 유예를 적용받을 수 있다.

Q. 국세청에서 내 금융거래내역을 조회하나요?

「금융실명법」 제4조에 "조세에 관한 법률에 따라 제출 의무가 있는 과세자료 등의 제공과 소관 관서의 장이 상속·증여 재산의 확인, 조세탈루의 혐의를 인정할 만한 명백한 자료의 확인, 체납자의 재산조회, 「국세징수법」 제9조 제1항 각 호의 어느 하나에 해당하는 사유로 조세에 관한 법률에 따른 질문·조사를 위하여 필요로 하는 거래 정보 등의 제공은 그 사용 목적에 필요한 최소한의 범위에서 거래정보 등을 제공할 수 있다"고 명시되어 있다. 즉, 필요에 따라서는 금융거래내역을 조회할 수 있다.

Q. 고액현금거래보고 및 의심거래보고제도는 무엇인가요?

고액현금거래보고제도는 1일 동안 1천만 원 이상의 현금을 입·출금한 경우 거래자의 신원과 거래 사실을 금융회사가 금융정보분석원에 보고하는 제도다. 의심거래보고제도는 990만 원 인출을 계속·반복적으로 하는 경우 등 의심 사례를 보고하는 제도다.

Q. 세무조사를 받으면 구속되나요?

대부분은 세무조사 후 일정액의 세금을 부과하는 선에서 마무리되며, 고의·악의적인 탈세의 경우 「조세범 처벌법」에 따라 검찰에 고발될 수 있다.

조세범칙조사 대상자 선정 기준

연간 신고수입금액	연간 조세포탈 혐의금액	연간 조세포탈 혐의비율
100억 원 이상	20억 원 이상	15% 이상
50억 원 이상 100억 원 미만	15억 원 이상	20% 이상
20억 원 이상 50억 원 미만	10억 원 이상	25% 이상
20억 원 미만	5억 원 이상	-

앞선 표의 선정 기준에 해당하거나, 조세포탈 예상세액이 연간 5억 원 이상이면 조세범칙조사 대상자로 선정될 수 있다. 여기서 주의할 점은 앞선 표는 하나의 기준점으로만 삼아야 한다는 것이다. 국세청이 고발할 수 있는 금액은 1억 원도 가능하지만, 실무에서는 「조세범처벌법」에 나온 가중처벌금액에 해당하는 경우에만 고발조치를 하는 방향으로 납세자 처지에서 조세 행정을 펼치고 있다.

Q. 교차 세무조사란 무엇인가요?

기업이 소재한 관할 지방청 대신 다른 관할 지방청에서 세무조사를 담당하는 개념으로, 지역에 연고를 둔 기업 등에 대해 유착 소지를 미리 차단해 공정하고 엄정한 세무조사를 하기 위해 실시하는 제도다. 주로 수입금액 2천억 원 이상의 통합조사 사항에만 적용된다.

Q. 세무조사는 5년마다 나온다는데 맞나요?

그렇지 않다. 동종업계의 평균 소득률보다 현저히 떨어지거나 소득에 맞지 않게 큰 액수의 부채를 상환하는 등의 세무조사 사유가 발생한다면 조사 대상자가 되며, 조사 이후 얼마 지나지 않아 다시 세무조사가 나오는 경우도 있다. 세무조사 종결 후 1년 이내에 또다시 세무조사가 나온 경우를 직접 목격한 적이 있다.

주택 잘못 사면
바로 걸린다

사업을 운영한 지 얼마 안 된 초보 사업자나 사회에 막 발을 디딘 사회초년생이 본인의 자금으로 주택을 취득하기란 불가능에 가깝다. 간혹 성인이 된 자녀에게 주택을 구매해 주는 분들이 계시는데, 이때 세금 문제를 생각하지 않고 덜컥 주택을 취득하면 자금출처에 따른 세무조사가 발생하게 된다.

주택 취득 시
주택자금조달계획 신고는 의무

2017년 8·2 대책 이후로 수많은 부동산 대책들이 쏟아지고 있다.

그중 하나가 투기과열지구 내에서 거래금액 3억 원 이상 주택(분양권, 입주권 포함)을 거래 시 관할 시·군·구청에 주택자금조달계획 및 입주계획 등의 신고를 의무화한 '주택 취득자금 조달 및 입주계획서'의 부활이다. 주택자금조달계획 신고는 지난 2015년 폐지되었다가 부동산시장 안정화 방안으로 2017년에 부활하게 되었다.

계약 당사자, 계약일, 거래가액 정보 외에 주택자금조달계획, 입주계획 및 자금출처 확인 등을 통해 증여세 등 탈루 여부 조사, 전입신고 등과 대조하여 위장전입, 실거주 여부 등을 확인하여 미신고자, 허위신고자 등에 대해서는 과태료를 부과하기로 한 것이다. 여기에 지속적인 대책의 강화로 2020년 9월부터 투기과열지구·조정대상지역 내에서 주택을 거래하는 경우 거래가액과 무관하게 주택자금조달계획서를 제출토록 하고, 투기과열지구 내 주택 거래신고 시 거래가액과 무관하게 주택자금조달계획서 작성 항목별 증빙자료를 첨부하도록 하였다.

불법 증여, 대출 규정 위반 등 의심거래는 관할 시·군·구청에서는 집중 관리하고, 실거래 신고 즉시 조사에 착수하게 된다. 불법 증여로 의심이 되는 거래에 대해서는 관할 세무서에 정보를 이관하여 바로 증여세 관련 해명자료 안내를 받게 된다. 해명자료에 대한 명확한 소명이 되지 않는다면 고액의 증여세가 추징될 수 있으므로 주의해야 한다.

주택 자금조달계획서 증빙서류 목록

자금 구분	세부 항목	증빙서류
자기 자금	금융기관 예금액	통장사본, 예금 잔액증명서, 수표발급내역 등
	주식·채권 매각대금	주식거래명세서, 잔액증명서 등
	부동산 처분 대금	매매계약서, 임대차계약서 등
	증여·상속	증여·상속세 신고서, 납세증명서 등
	현금 등 그 밖의 자금	소득금액증명원, 근로소득원천징수영수증 등
차입금 등	금융기관 대출액	금융거래 확인서, 부채증명서, 대출신청서 등
	임대 보증금	전·월세 임대차계약서 등
	회사 지원금, 사채, 그 밖의 차입금	회사 지원금 신청 또는 입출금 내역, 차용증 등 금전 차용을 증빙할 수 있는 서류 등

간혹 부모에게서 받은 자금이 들어 있는 예금 잔액 증명서를 보여 주면 되는 거 아니냐고 묻는 분들이 계시는데, 이는 너무 일차원적인 접근이다. 만약 주택 가격이 10억 원이고 본인의 소득금액이 2억 원 정도라고 한다면 나머지 8억 원에 대한 소명 논리가 부족하게 된다.

추후 소명 요청 시 2억 원은 본인의 소득으로 입증하였다고 가정하고, 나머지 8억 원을 단순히 부모님으로부터 증여받았다고 한다면 증여세 무신고에 대해 본세와 이에 따르는 가산세가 발생한다. 간략하게 증여세와 가산세를 계산해 보면, 무려 2억 원 이상의 세액을 납부해야 한다. 해당 증여세를 바로 납부하지 못할 경우 가산세는 매일 늘어나게 되며, 납부가 계속 연체되면 최악의 경우에는 본인 명의 주택이 체납처분에 의한 압류가 될 수 있다.

> **8억 원에 해당하는 증여세 무신고에 의한 증여세와 가산세**
>
> 1. 증여세: (8억 원-5천만 원[직계비속 증여재산공제]) × 30% - 6천만 원*
>   = 165,000,000원
> 2. 가산세
>   1) 신고불성실가산세(20% 가정): 33,000,000원
>   2) 납부지연가산세(100일 가정): 3,630,000원
> 3. 합계: 201,630,000원
>
> * 증여세 누진공제액(10억 원 이하) 적용

    납세자 대부분이 놓치는 점 중 하나는 주택 수증자에 대한 세무조사만 펼쳐질 것이라는 생각이다. 하나 더 살펴봐야 할 것은 자금을 증여한 증여자의 경제적 능력이다. 부친의 신고소득이 최근 5년간 5억 원도 안 되는 상황에서 10억 원의 자금을 자녀에게 증여하였다면 부친의 신고소득 누락은 없었는지를 살펴볼 수 있다. 그러므로 주택 취득 시에는 명확한 자금출처 소명이 가능한지 꼭 살펴보고 접근하는 것이 필요하다.

    주택 취득이 아닌 전세는 괜찮지 않을까 하는 생각을 할 수 있다. 전세자금은 주택자금조달계획서를 신고하지는 않지만, 앞서 설명한 PCI 기법을 통해 그 출처에 대한 소명이 발생할 수 있다.

    2025년 6월 1일부터 전·월세 신고제가 본격적으로 시행되었다. 임

대인과 임차인 간 주택 임대차(전·월세)를 계약할 때 임대계약 당사자, 보증금, 임대료, 임대 기간, 계약금 및 중도금과 잔금 납부일 등의 계약 사항을 30일 내에 시·군·구청에 신고하도록 하는 것이 골자다. 이를 어길 경우 최대 30만 원의 과태료가 부과된다.

   사업장을 운영함에 있어도 PCI 시스템을 통한 세무조사는 발생할 수 있다. 본인 사업의 개업자금에 대한 출처조사 및 경영 중에 취득한 부동산에 대해서 자금출처 소명이 안 될 시 사업장의 매출누락을 통한 취득은 아닌지 살피기 위해 세무조사가 발생할 수 있다. 그러므로 언제나 큰 자금이동 시에는 조사가 발생할 수 있음을 인지하고 추후 소명 요청이 올 때를 대비하여야 한다.

세무조사에도 트렌드가 있다?

최근 공유오피스에 대한 대대적 세무조사가 벌어진 적이 있다. 1인 미디어 콘텐츠 사업이 활발해지면서 서울에 살고 있는 청년들이 세액감면을 받고자 수도권 과밀억제권역 외의 지역 공유오피스에 사업자등록을 한 뒤 부당하게 세액을 100% 감면받고 있었던 것이다. 실제로 용인시에 위치한 한 공유오피스에는 1,000개의 사업자가 등록되어 세액감면을 받고 있었던 것으로 드러났다. 해당 공유오피스는 우편물 수령만 가능했으며 별도의 분리된 사무공간도 없었던 것으로 확인됐다. 세무서에서는 직권으로 업체들을 폐업 조치하였으며, 감면받은 세액과 가산세까지 추징할 예정이다.

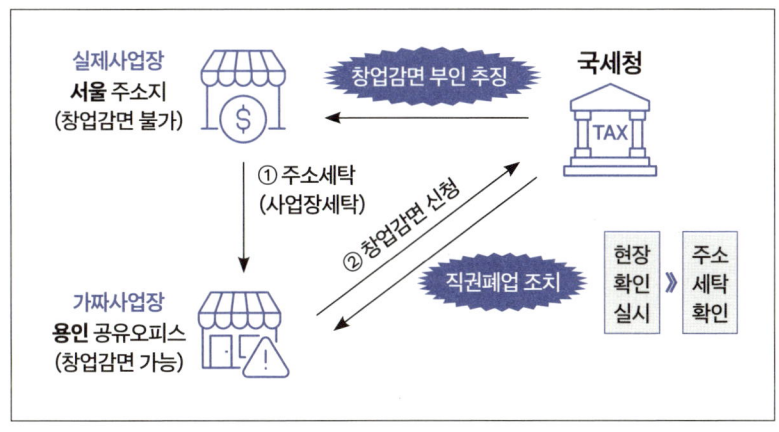

최근 국세청에서는 조사대상 선정 업무에 AI를 적극 활용할 계획이라고 밝혔다. AI가 과거의 신고서를 검토한 후 탈세 위험이 있는 사업자를 선정하면 조사담당자가 대상자를 검토하게 된다.

국세청 세무조사 모니터링 결과(2019년~2023년)에 따르면 납세자의 다양한 불편·불만 사항 중 '세무조사의 공정한 선정과 그에 대한 설명(25%)'이 가장 큰 비중을 차지한 것으로 나타났다. AI를 통한 세무조사 대상자 선정을 통해 업무의 공정성이 확보될 것으로 기대된다.

창업에 도움이 되는 사이트

- KOSIS 국가통계포털 : https://kosis.kr
- 서울시 공정거래 종합상담센터 : https://sftc.seoul.go.kr
- k-startup 창업지원포털 : https://www.k-startup.go.kr
- 중소벤처기업부 : https://www.mss.go.kr
- 소상공인시장진흥공단 : https://www.semas.or.kr
- 신용보증재단중앙회 : https://www.koreg.or.kr
- 신용보증기금 : https://www.kodit.co.kr
- 유튜브 : https://www.youtube.com
- 네이버 : https://www.naver.com
- 국세청 : https://www.nts.go.kr
- 국세청 홈텍스 : https://www.hometax.go.kr
- 국가법령정보센터 : https://www.law.go.kr
- 국세법령정보시스템 : https://txsi.hometax.go.kr
- 금융정보분석원 : https://www.kofiu.go.kr
- 정부24 : https://www.gov.kr
- 사회보험 통합징수 포털 : https://si4n.nhis.or.kr
- 4대사회보험 정보연계센터 : https://www.4insure.or.kr
- 고용노동부 : https://www.moel.go.kr
- 두루누리 사회보험 : http://insurancesupport.or.kr

- 고용보험 청년추가고용장려금 : https://www.work24.go.kr
- NCS 국가직무능력표준 : https://www.ncs.go.kr
- 등록민간임대주택 렌트홈 : https://www.renthome.go.kr

나의 두 번째 월급 만들기

초판 1쇄 발행 2025년 9월 10일

지은이 이장원·이채형
펴낸이 정병철
펴낸곳 ㈜이든하우스출판

편집 임나리
디자인 강수진

출판등록 2021년 5월 7일 제2021-000134호
주소 서울시 마포구 양화로 133 서교타워 1201호
전화 02-323-1410 **팩스** 02-6499-1411
메일 eden@knomad.co.kr

ISBN 979-11-94353-28-7(03320)

• 값은 뒤표지에 표시되어 있습니다.
• 잘못된 책은 구입하신 서점에서 바꾸어 드립니다.